"乡村振兴的苏州实践"丛书

丛书主编　钱东东

绿色绘就乡村振兴
苏州画卷

金伟栋　主编

苏州大学出版社
Soochow University Press

图书在版编目(CIP)数据

绿色绘就乡村振兴苏州画卷 / 金伟栋主编. --苏州：苏州大学出版社，2023.3
("乡村振兴的苏州实践"丛书 / 钱东东主编)
ISBN 978-7-5672-4329-3

Ⅰ.①绿… Ⅱ.①金… Ⅲ.①农村-社会主义建设研究-苏州 Ⅳ.①F327.533

中国国家版本馆CIP数据核字(2023)第038760号

Lüse Huijiu Xiangcun Zhenxing Suzhou Huajuan

书　　　名：绿色绘就乡村振兴苏州画卷
主　　　编：金伟栋
责任编辑：史创新
出版发行：苏州大学出版社（Soochow University Press）
社　　　址：苏州市十梓街1号　邮编：215006
印　　　装：苏州市深广印刷有限公司
网　　　址：www.sudapress.com
邮　　　箱：sdcbs@suda.edu.cn
邮购热线：0512-67480030
开　　　本：718 mm×1 000 mm　1/16　印张：15　字数：254千
版　　　次：2023年3月第1版
印　　　次：2023年3月第1次印刷
书　　　号：ISBN 978-7-5672-4329-3
定　　　价：45.00元

凡购本社图书发现印装错误，请与本社联系调换。
服务热线：0512-67481020

"乡村振兴的苏州实践"丛书
编委会

主　任	钱东东
主　编	金伟栋
副主编	何　兵　吉永峰
成　员	（按姓氏笔画排序）

仇光辉　吉永峰　朱　倩　任志强
汤艳红　何　兵　沈明星　宋建华
张　强　金伟栋　钱东东　章　楠
褚新宇

目录 Contents

政府购买农业公益性服务的张家港经验 …………………………………… 1

抱团联合发展，转换增长动能，奋力打造集体经济发展"最美桥头堡"
………………………………………………………………………………… 6

坚持绿色发展，绘就生态永兴新画卷 ……………………………………… 12

善港村：携手奋进情谊深，同心共筑小康梦 ……………………………… 17

"美丽菜园"当抓手，绘就美丽南新新图景 ……………………………… 22

干群同心齐发力，常北蝶变换新颜 ………………………………………… 26

"党组织＋"激发"新农"组织活力的常熟路径 ………………………… 30

科技赋能，引领常熟国家农科园转型升级 ………………………………… 36

打造"五有"幸福养老的蒋巷样板 ………………………………………… 41

三区同行，五治融合，绘就美丽陈塘画卷 ………………………………… 46

美丽庭院建设的李袁之路 …………………………………………………… 51

发挥绿色产业优势，加快东盾经济提质增效 ……………………………… 55

多措并举，发展壮大坞圩集体经济 ………………………………………… 60

农文旅跨界融合，跑出智林"加速度" …………………………………… 65

创新金溪发展模式，壮大集体经济实力 …………………………………… 70

发展特色农业，建设美丽孟河 ……………………………………………… 74

生态循环农业助力绿色东林高质量发展 …………………………………… 79

绿色种养开启循环产业发展的"永丰模式" ……………………………… 85

村企共建推动农村高质量发展的雅鹿探索 ………………………………… 90

探索新型村治模式，打造"治理有效"的永乐样板 ……………………… 95

践行"两山"理念,助推长洲发展 …………………………………… 100
汇聚"二心二彩",建设"美治半泾" …………………………………… 104
培育现代生态农场,创建绿色万丰模式 ……………………………… 109
科技助推牌楼产业转型升级 …………………………………………… 114
宅基地制度改革的昆山探索 …………………………………………… 118
推行"政经分开"改革,提升治理效能 ………………………………… 123
培育新型职业农民,助力昆山人才振兴 ……………………………… 128
张浦小黄桃,做足大文章 ……………………………………………… 133
打造美丽香村,谱写田园牧歌 ………………………………………… 139
依托砖窑特色文化,打造朱浜全域旅游新格局 ……………………… 144
"五治融合"助推泾河乡村治理新格局 ………………………………… 149
人居环境整治的歇马桥路径 …………………………………………… 154
"农场+支部"打造生态循环特色农业长云模式 ……………………… 159
构建多元共治新模式,打造陈巷治理新格局 ………………………… 164
推进园区转型升级,书写吴江现代农业高质量发展新篇章 ………… 169
打造高标准稽五漾生态农业基地,助力群幸农业农村现代化 ……… 174
绘就"归园田居"的元荡画卷 …………………………………………… 178
村企联建助推集体经济发展的黄家溪实践 …………………………… 183
擦亮生态本色,走出绿色发展齐心之路 ……………………………… 187
创建特色田园乡村的庙头路径 ………………………………………… 191
新营小康路,振兴好风景 ……………………………………………… 196
加快绿色转型,赋能绿宝园发展新活力 ……………………………… 201
打造特色经济,探索强村富民"合丰经验" …………………………… 206
"三驾马车"齐发力,跑出新峰绿色发展"加速度" …………………… 212
富民强村,打造乡村治理的淞南标杆 ………………………………… 217
因地制宜,精准施治,提升采香泾治理水平 ………………………… 222
凝聚"三风"能量,谱写乡村振兴灵峰篇章 …………………………… 227

后记 ………………………………………………………………………… 231

政府购买农业公益性服务的张家港经验

张家港市以承担国家改革试点为契机，探索建立一套政府向经营性服务组织购买农业公益性服务机制，加快扶持一批农业经营性服务组织，形成一整套农业社会化服务体系，确保农业服务业健康、有序、可持续发展。

▶▶ 一、基本概况

2015年，张家港市良种统供、农药配送、集中育秧、动物防疫四个项目被列入农业部政府购买农业公益性服务机制创新试点范围，2016年承担国家农村改革试验区新增试验任务。张家港市以承担国家改革试点工作为契机，探索建立一套政府向经营性服务组织购买农业公益性服务机制，形成一整套农业社会化服务体系。2015年10月，农业部在张家港召开全国政府购买农业公益性服务机制创新试点专题培训班。2017年1月，江苏省农业委员会、江苏省供销合作总社联合发文，在全省推广张家港市农药零差率统一配供模式。2018年5月,江苏省淮南片区集中育供秧现场会在张家港召开。2019年7月,张家港的这一试点顺利通过农业农村部专家组验收,获得了高度肯定。

▶▶ 二、主要做法和成效

张家港市将政府购买农业公益性服务作为推进政府职能转变的重要抓手,深入贯彻党中央、国务院和省委、省政府的决策部署,认真落实改革试验方案,加快完善农业社会化服务市场化运行机制,加快培育服务组织、健全服务制度、完善服务流程、提升服务质量,通过开展试点,实现"四个转变",降低了农业生产成本,提高了农业综合效益,保护了农业生态环境,推动了绿色、可持续发展。

(一)开展农药零差价集中配送,推动农药市场从散乱经营向集中供应转变

在农药供应体系上,张家港市依托供销系统农资经营网络,建立起覆盖全市的农药集中配送体系。在运作机制上,张家港市推行统一配送、统一标识、统一价格和统一差率"四个统一",并落实农药进货公开招(议)标、农药使用登记卡、农药进销索证索票和农药质量监管"四项制度",以出厂价将农药直接配送到农民手中。近年来,全市粮食和果蔬农药配送率分别稳定在95%和90%左右,有效破解了农民防病治虫过度依赖农药、病虫害防治成本偏高、农产品质量安全维护压力大等难题,实现了"安全+降本+减量+增收"等多重效应。

(二)开展水稻集中育供秧,推动水稻育秧方式从一家一户分散育秧向专业化、集约化和适度规模化转变

张家港市统筹各级财政资金,集中力量支持集中育秧主体发展,狠抓技术指导、效果考评等关键环节,积极推广硬盘育秧代替软盘育秧、专用基质代替营养土、机播代替人工播种等关键技术。全市水稻集中育秧比例达50%左右,有效解决了机插秧普及后分散育秧资源消耗大、育秧效率低、秧苗素质差等难题,实现了秧苗素质、育秧效率和资源利用率的同步提高,同时有效缓解了夏收夏种期间劳动力紧张的矛盾,为全市水稻丰产稳产奠定了基础。

(三)开展购买动物防疫服务,推动动物防疫向服务规范化、人员专业化方向转变

张家港市委托具有独立法人资格和兽医专业化服务能力的镇兽医(服

务）站作为动物防疫服务主体，专业化开展重大动物疫病免疫注射、病死畜禽无害化处理、生猪屠宰检疫等服务，并将提升服务规范化、人员专业化水平贯穿于日常管理考核。在推进基层农业技术推广体系改革与建设中，社会（助理）执业兽医师成为官方兽医的有益补充，基本稳定了兽医人才队伍，有力保障了养殖安全、畜产品质量安全和公共卫生安全。

（四）开展稻麦良种统一供应，推动稻麦品种从多、杂、乱向优质化转变

张家港市以补贴的方式大力推广稻麦优良品种，严格审查供种企业资质、质量标准、主推品种和供种程序，坚持公开、公平、公正操作，向种粮农民提供质优价廉的种子。农业部门对良种补贴项目全程跟踪，确保项目实施规范、供种安全无虞。目前，张家港市稻麦拳头品种保持在1—2个，稻麦良种统供率稳定在98%以上，优质食味粳稻品种覆盖率达90%，有力助推了优质粮食工程的实施，推动了粮食产业的提档升级，为稳定粮食产能、增加农民收入奠定了基础。

三、经验启示

（一）农药集中配送方面

1. 领导重视、部门协作是搞好农药集中配送的关键

全市成立了由政府分管领导牵头，多个部门以及各镇（区）分管负责人参与的农药配送工作联席会议，各镇（区）、各部门也成立了相应的领导协调小组。市委、市政府分管领导一直重视和关注农药配送工作，多次召开协调会和座谈会，协调解决农药配送工作中出现的问题。

2. 加强管理、完善制度是搞好农药集中配送的基础

全市落实好"四项制度"（农药进货公开招标议标制度、农药使用登记卡制度、农药进销索证索票制度和农药质量监管制度），切实保证了农药质量和安全。

3. 严肃纪律、明确责任是搞好农药集中配送的保证

张家港市政府对农业、工商、质量、公安、监察、财政及各镇（区）农药配送企业都按照各自职能明确了责任和任务，同时明确工作纪律，对扰乱农药集中配送秩序的行为从速从严查办。

4. 正视问题、及时解决是搞好农药集中配送的前提

农药集中配送是一项系统工程，也是一项创新工作，在工作中发现的问题，都要通过联席会议及时解决。

（二）稻麦统一供种方面

1. 广泛宣传，深入摸底

张家港市以发布《告农户书》等形式，把良种特性、补贴标准及时告知农民，将中标价格、优惠幅度及时告知农民，保障农民的知情权，调动农民选择良种的积极性。

2. 严格把关，确保良种质量可靠

张家港市抓住关键环节，抓好种子精选前后的质量检查，尤其是在供种企业精选稻麦种子的关键时期，及时抽样检查，确保每批次种子质量达标。

3. 追踪溯源，及时处理种子质量纠纷

在供种时，农业部门、村委、供种企业联合抽样、封样，在遇到质量纠纷时进行仲裁监测，迅速分清责任，维护农村稳定。

（三）水稻集中育供秧方面

1. 降低育秧专用基质成本

农村劳动力日趋紧缺，且劳动力价格不断上升，使培育营养土越来越困难，而集中育秧对商品化专用基质的需求量很大。为此，张家港市选择育秧专用基质作为政府购买服务的切入点，有效降低了育秧成本，吸引种粮大户接受统一育供秧服务。

2. 集中育供秧服务必须建立在双方自愿的基础上

专业的农业服务组织与种植户本着自愿互惠互利的原则，在育秧之前签订好供秧协议，由农业服务组织统一购买基质，种植户提供种子，农业服务组织根据时间要求及时向种植农户提供秧苗，适时栽插，双方基本没有矛盾。

3. 因地制宜选择集中育秧方式

工厂化育秧具有许多优点，但也有资金投入大、技术门槛高、设施利用率低等缺陷，容易造成资源浪费，综合效益低下。在生产实践中，可以与设施园艺生产相结合，提高资源利用效率，降低生产设施成本。

（四）动物防疫方面

1. 健全管理制度

张家港市对兽医服务人员实行上岗考核制度。建立包片制度、免疫预告制度、免疫日报告制度。兽医（服务）站职工按照划定的区域，根据动物防疫站防疫监管员提出的免疫预告计划，对应免畜禽实施免疫注射，并每天将免疫注射情况向防疫监管员报告。为缓解官方兽医人员不足的矛盾，由镇动物防疫站选聘所在镇兽医（服务）站职工，实行一个官方兽医带一个兽医（服务）站职工的"一带一"监管模式。

2. 建立考核激励制度

张家港市财政每年安排70万元动物防疫工作奖励资金，用于对各镇兽医（服务）站动物防疫服务工作的考核奖励。免疫注射劳务费与免疫效果监测结果挂钩，检疫服务劳务补助与工作考核挂钩。每年组织开展"兽医服务先进集体"和"十佳兽医明星"评选活动，对被评为先进集体的兽医（服务）站负责人和"十佳兽医明星"职工给予一定的物质奖励。

抱团联合发展，转换增长动能，奋力打造集体经济发展"最美桥头堡"

江苏扬子江国际冶金工业园（锦丰镇）以实施乡村振兴战略为总抓手，聚力创新突破、聚焦民富民享，深入推进村级经济抱团联合发展，盘活利用存量低效土地，推动产业转型升级和企业提质增效，坚定不移推动农业农村优先发展，通过政策扶持、资源倾斜、"腾笼换凤"、联合发展等多种措施，推进新型农村集体经济高质量发展。

▶▶ 一、基本概况

江苏扬子江国际冶金工业园位于张家港市东北部，由原锦丰、三兴、合兴三镇及原东莱镇三个村合并组建而成，是由江苏省人民政府批准设立的国内首家省级特色工业园区。园区北临长江深水岸线，南接沿江高速公路和苏虞张一级公路，地理位置十分优越。2013年10月，冶金工业园党工委、管委会与锦丰镇党委、政府"两块牌子一套班子"，实行"区政合一"管理体制。截至2021年底，冶金工业园（锦丰镇）有工业企业1800多家，其中有世界500强企业3家，规模以上企业137家，销售超5000万元企业85家，上市企业5家，专精特新企业8家，高新技术企业100家，形成了新材料、新医疗、新能源三大产业板块。

二、主要做法和成效

（一）因势利导，盘活利用低效工业用地

为提升土地使用效率，冶金工业园（锦丰镇）严格按照省市推进节约集约用地的工作决策部署，以保护资源、节约集约、维护权益、改革创新为工作目标，实施"三优三保"（优化建设用地空间布局保障发展，优化农业用地结构布局保护耕地，优化镇村居住用地布局保护权益）工作，坚决执行最严格的耕地保护制度和节约用地制度，优化园（镇）国土空间布局，实现经济社会发展规划、土地利用总体规划、城乡规划、生态保护规划等多规融合。

冶金工业园（锦丰镇）以"多规合一"为引领，以"263"专项整治行动为契机，结合"三优三保"规划，遵循宜建则建、宜耕则耕、宜绿则绿原则，统筹推进"退二还一""退二优二""退二进三"，调整完善城镇建设用地布局，引导建设用地向园（镇）产业集聚区和开发边界内集中。同时，根据国家、省、市产业政策，加快推动传统产业转型升级，持续提高集约集聚发展水平，坚决取缔国家明令禁止的落后生产工艺装备及产品，全面淘汰退出高投入、高能耗、高污染、低效益企业。2017—2021年，共计腾退低效工业用地约1500亩。

根据这一政策导向，园（镇）村级集体经济发展进一步提质增效，通过空间腾挪，实现土地的高效利用，以更广泛的联合发展、多元发展和异地发展方式，集聚各村资金和腾退形成的用地指标，联合建设五棵松科技园、锦阳科技创新园、扬子江新医疗创新园、龙潭湾星火智造园等多个新型产业园区。按照高标准产业园区的要求进行统一规划设计，完善整个园区配套公共服务设施，为入驻园区的企业提供优良的服务和办公环境，为培育中小企业、调整产业结构、转换增长动力提供有力支撑。

（二）政策扶持，推进农村集体经济联合发展

村级集体经济组织通过"三优三保"实现了低效工业用地优化整合，村级集体经济也获得了更多资金支持，具备了更加强大的发展动能，走上了发

展"快车道"。冶金工业园（锦丰镇）探索新型农村集体经济有效实现形式，加强顶层设计，引导各村级集体经济组织坚持市场导向，集中整合投入农村资源要素，发挥比较优势，放大联合发展效应，打好村级经济发展"组合拳"。

2019—2020年，冶金工业园（锦丰镇）两年共拿出1.5亿元用于村级经济增收载体建设专项补助，进一步加大政策支持力度。2021年，又制定《园（镇）推进"十四五"期间村级经济发展的实施意见》，出台扶持村级集体经济发展一揽子政策，设置每年1亿元、5年5亿元的专项资金盘子，从经营性项目奖补、载体提优奖补、金融扶持等方面加大扶持力度，为村级经济发展加权赋能，为全面推进乡村振兴提供坚强保障。

各村集聚资金，以联合发展为主导，不断加大村级经济增收载体投入，坚持"项目为王"，将村级闲置资金入股各个联合发展公司，通过收购企业资产、投资载体建设、实施股权投资等多种方式，全力提升村级经济发展质效。截至2021年底，共新增村级经营性载体项目50个（其中村级联合发展项目22个，超亿元项目3个），总投资16亿元，建筑总面积62.83万平方米。

（三）科学管理，村级工业园区提档升级

张家港五棵松科技有限公司作为项目投资主体，承担园区管理职能，按照现代企业管理制度完善内部架构，配备专门人员对接入驻企业，全方位做好服务工作，着力打造特色园区、品质园区、智慧园区、共享园区。

为加强产业园区规范化管理，冶金工业园（锦丰镇）同步优化完善园（镇）工业集中区企业入驻政策，明确产业准入条件，设定企业贡献奖励以及淘汰机制，吸引符合产业政策、区域产业发展规划的企业（项目）入驻，实现"靶向招商、产业集聚"的目标。同时，创优营商环境，指导园区企业推进"智改数转"、节能降耗和品牌创建等工作，服务企业做好各级科技人才项目、高新技术企业的申报工作。

▶▶ 三、经验启示

（一）节约集约利用土地资源是促进经济发展方式转变和经济结构调整的必然要求

在冶金工业园（锦丰镇）村级经济载体稀缺，建新区指标落地时间长、空间少的背景下,三兴办事处 7 个行政村成立村级经济联合体——张家港五棵松科技有限公司,公司利用原淘汰落后企业闲置低效土地,在拆除原有破旧厂房的基础上重新规划设计,建设新兴产业园区,实现了用地"零消耗",不仅解决了三兴片区工业容积率低、建筑密度低、投入产出率低等问题,而且改善了企业周边环境,还实现了空间布局优化和产业转型升级。该项目的实施对于引导村级联合体参与回购利用存量低效工业用地,并结合新兴产业的发展要求和产业导向加以盘活利用,具有较强的政策示范和借鉴意义。

在新增建设用地空间较为困难的情况下,必须从"存量空间"中挖掘"增量价值"。在用地供应紧张的城镇工业发达地区,普遍存在面广量大的老厂房、旧学校、旧机关等一系列无法有效利用的存量土地和建筑,按照类似于本项目的节地模式对之实施更新,既可以引入新兴产业,提高土地利用的效率和效益,又可以大大降低用地成本,提高村级集体和社会力量参与城市更新的积极性。

(二)多元联合抱团发展是实现新型农村集体经济高质量发展的必由之路

冶金工业园(锦丰镇)虽然地处经济发达的苏南地区,但农村经济特别是村级集体经济的发展相对滞后,原有村级经济相对薄弱,主要表现在三个方面:一是资金基础薄弱。村级集体经济发展途径较为单一,产业化程度低,依托传统单打独斗的方式,投入产出效益不高,增收后劲不足。二是缺乏发展资源。近几年来,国家宏观调控力度加大,土地指标新增难度越来越大,村级工业项目由于其规模相对较小、产出相对较低,拆迁后获得土地资源的机会很少。三是区域发展不平衡。中心村能够借助镇区发展优势,抓住大企业发展机遇,大力发展村级工业和服务业,而其他村往往受区域位置影响,工业发展相对缓慢,导致村级集体经济积累速度缓慢。

近年来,为提高村级经济综合实力,冶金工业园(锦丰镇)适应经济发展新常态,积极探索集体经济的有效组织形式和经营方式,以转变发展方式、集约利用资源为手段,以市场化运作为机制,以均衡全面发展为方向,以多元联合抱团发展为主导,通过实施村级经济倍增计划,加强政策引导,拓展发展路径,"十三五"期间实现了全镇村级可用财力翻一番的目标。"十四五"期间,还将继续拓宽联合发展路径,突破村域、镇域、市域约束范围,加快实施异地发展，发展"飞地经济"，努力拓展村集体经济的发展空间。

由于村级经济发展模式的转变、资源集约节约利用的要求和产业转型升级的需要，村级经营性载体项目不可能再"各起炉灶"，而且各村单体项目产业定位难以确定，导致项目推进缓慢或不符合市场需求，所以整体开发建设成为必然，但也要科学规划，避免大规模"扎堆"引发市场饱和度过高导致同质化竞争。村级经济联合发展，不仅是村与村之间的联合，还应该创新发展思路，实施更广泛的村村联合、村镇联合和村企联合，引导和鼓励村级集体经济组织与其他所有制经济组织实施联合发展，探索国有资本与集体资本联合，发展股份制经济实体，并以联合发展为契机，积极引进人才，组建专业经营团队，用现代经营理念与制度引导村级集体经济发展。推进联合发展，更应该做好顶层设计，加强政策引导，将村级集体经济融入区域经济，统筹规划村级经济发展布局，促使村级集体资源要素向新兴产业、优势项目倾斜聚集，提高项目质量和产出效益。

（三）创新村级集体资产管理方式是加强农村集体"三资"管理、提高村级载体运营效益的内在导向

近几年来，冶金工业园（锦丰镇）村级集体经济组织通过积极参加资产司法竞拍、大规模收购企业资产、加大投入新建村级经营性载体，壮大了村级资产总盘子，庞大的集体资源资产成为乡村发展的重要物质基础和收益增长来源。

村级经济发展业态的更新，对村级资产的运营管理提出了更高的要求，需要进一步加强村级集体资源资产的整合利用和统筹运作，发挥资源集聚效应，在更高起点上实现提质升级。因此，打破原有村庄之间各自为政的局面，减少"内耗"，按照现代企业管理体系由联合发展公司承接村级资产管理职能成为必然。

村级集体经济的发展，最终还是要在市场经济环境中进行，需要一个强有力的市场主体和运营团队。因此，还需要进一步深化和完善联合发展公司运作体系，成立更高层次的资产管理公司，对村集体经营性资产和项目建设进行统一管理，进一步提升资源资产整合效应，综合缩减运营管理成本，提升市场竞争力和市场开拓能力，加快提升村级集体经济发展速度和质量。这样做一是能够减轻村级管理负担，让村干部能有更多的精力从事社会事业建设和社会综合治理；二是通过招录专业人员、引进专业团队和开展合作经营

等方式，能够获得更多的市场信息，增加项目有效来源，提高商业谈判和风险防控能力；三是项目规划建设时，更能够紧跟园（镇）产业规划和招商引资需求，在更高起点上确定项目产业定位和规划设计方案，引进更多优质企业（项目），在增加村级收益的同时增加财税收入。

坚持绿色发展，绘就生态永兴新画卷

永兴村全面对照新时代乡村振兴发展新要求，锚定"生态兴村"战略目标，加速融入区街发展大局，以"江愁田园综合体"项目为抓手，不断整合各类资源，创新思路方法，努力探索实践长江大保护下乡村振兴的成功路径，全力打造独具江畔特色、彰显江南长江文韵的生态景观村庄。

▶▶ 一、基本概况

永兴村位于张家港市金港镇德积街道东北部，北临长江岸线3千米，地处张家港湾生态湿地公园核心区，是"一湾一岛一田一村落"的重要组成部分。村域面积2.92平方千米，其中耕地面积2181亩，下辖16个村民小组，9个自然村，总人口约6000人，其中党员112人。近年来，永兴村在上级各部门以及全体村民的大力支持下，把党的建设同产业孵化、环境提升、民生福祉相结合，在强化设施配套、项目培育、运营管理、宣传推广等方面持续发力，以匠心精神打造明清园、忆乡林等网红地标，精心培育数家特色农家餐馆，做优滨江旅游业态，带动村级经济稳步提升，明显改善村容村貌，持续转变乡风民风，以生态底色绘就了一幅"最美江村"乡村振兴的美好发展图景。永兴村先后获得全国休闲农业与乡村旅游三星级园区、江苏省乡村旅游重点村、江苏省生态文明示范村、江苏省委党校现场教学基地、苏州乡村振兴研究院调研基地、苏州市文明村等20多项重量级资质和荣誉。

▶▶ 二、主要做法和成效

（一）坚持党建引领，绘就绿色蓝图

1. 系统推进项目，优化文旅基础

永兴村充分发挥党组织总揽全局、协调各方的作用，主动与张家港湾进行深度融入，把江湾作为发展自身文旅产业的独特资源。系统疏浚24条村级河道，以景区标准构建江河循环；同步建设17座兼具实用性和观赏性的古文化桥，做精做优水乡风貌；完善村居环境和文旅配套设施建设，加快推进四圩康居乡村项目，启动沙泥圩特色田园乡村项目，为全域旅游打好坚实基础。

2. 构建发展框架，科学有序推进

永兴村构建了"一核双环三街四区""党建+文旅"框架。"一核"即永兴生态园，"双环"为水陆两条观光线（田园徒步线和江村水乡），"三街"为现代文创街、民俗美食街和沿江老街，"四区"为江湾风情区、红色革命区、乡愁文化区和精品民宿区。

3. 贯彻绿色理念，实现生态兴村

永兴村以践行"绿水青山就是金山银山"理念为根本，进一步突出"长江大保护"核心主题，全力争创全国乡村旅游重点村，打造全国乡村振兴标杆典范。进一步优化空间规划，整村推进农文旅产业，培育精品文旅项目，引进高效有机农业，构筑园林村庄形态，打造长江文化高地，引领田园生活新体验。

（二）坚持乡村特色，培育文旅项目

1. 建设同程旅游项目

张家港保税区管委会与同程旅游、永兴村共同实施江湾同程农文旅项目，同时推进集标准客房、大型会务中心及特色餐饮等于一身的龙头项目，并依托同程旅游互联网平台优势，吸引更多项目入驻。

2. 打造非遗艺术村落

永兴村以央媒报道的"忆乡林"为基础，结合沙泥圩特色田园村庄（现代文创街）建设，围绕"长江情、乡愁韵"等主题，对江南农村的传统艺

术、生活场景进行系统挖掘并进行文旅化改造开发,让原汁原味的江南水乡传统生活在永兴村生动还原。同时,引进符合年轻一代口味的自媒体、民谣音乐、文创艺术等形态,让传统的江南农村紧跟新时代潮流,不断提升文化魅力。

3. 打造特色文化走廊

永兴村以浪漫江景为底蕴,以古朴明清园为中心,向外辐射,形成格局多元、层层递进的古宅园林景观,重点打造江南水乡客厅、江南水乡革命馆、江南水乡实境舞台、两岸美丽乡村交流中心等一批小而精的特色点位,建设"竹""柿""松""荷"等文化符号较强的主题廊道,形成一批寓景于绿、寓情于绿的生态景观,还原长亭古道、小桥流水的梦里水乡味道。

(三)坚持多维发展,推广文旅品牌

1. 深化团建拓展服务

永兴村推出"办团建拓展(主题党日),到江村永兴"服务套餐,涵盖党课培训、团队拓展、汉服体验、竹筏游船、古筝体验、射箭休闲等一批绿色服务项目。承接企事业单位活动,实现文旅试水、锻炼团队的目标。规划引入民谣音乐会、江边酒吧夜市等一批体验式服务项目,提升乡村吸引力。

2. 用好互联网宣传平台

永兴村围绕"江愁"二字,打造专属 IP(知识产权)。多途径开展文旅宣传,不断提升江村永兴文旅知名度。注册长江湾文旅(江村永兴)抖音号,开辟"江村映像系列""江村四大才子系列"视频专栏,充分挖掘乡土生活、田园美景,制作优质创意短视频,让抖音等互联网平台成为推广江村品牌的重要载体。

3. 持续加强对外合作

永兴村联合旅行社、团建机构等社会资源,用心用好同程旅游资源,为江畔驿空间、江景水餐厅、茅草酒咖馆、水上乐世界、水上唱吧影吧、稻田房车等项目做好配套服务,通过市场化行为促进文旅服务提质增效,运用外部力量提升江村品牌影响力和知名度。

三、经验启示

(一)激发产业发展动能

1. 党建引领增强团队活力

永兴村充分发挥党组织书记"领头雁"带动作用,配强团队力量,组建四旅融合行动支部，带领全体干群、本土能人工匠上下一心，大力弘扬十年坚守的"新时代愚公移山精神"，把江边的一片荒废田地建成了风景如画的省四星级乡村旅游景区，培育出苏州五星级农家乐，为江村文旅发展打下了坚实的基础，引来了可观的人气和流量。

2. 积极推介村级项目

永兴村积极做好江湾同程农文旅项目全程跟踪，加快推动江愁田园综合体、四旅融合、江南长江文化走廊等项目建设进度，加强专项研究，明确上级部门对村一级文旅运作的指导，并予以政策性的倾斜扶持，在更大的平台、更多的场合推介包括永兴村在内的特色点位，介绍更多专家、更多客商来现场指导考察，寻找合作点。

3. 发展长江生态农文旅产业

永兴村做大做强"看最美江村，聚前行动力"文旅服务品牌，做美做优"园林式"宜人宜居村庄，让长江生态资源在农文旅市场的不断扩展中增值赋能。通过十年如一日的江村建设，永兴村将积淀文旅发展底蕴，实现生态兴村的最终目标。

(二) 提升社会治理效能

1. 全面改善村民生活

永兴村强化履职担当，凝心聚力，以民为本，加快推进特色田园、康居乡村等"美丽乡村"建设和农村人居环境整治，精心串联江、园、河、桥、埭、田"六位一体"水乡风情，因地制宜实施"拆、疏、清、理、管"水系治理五字方针，建管结合、完善制度、巩固长效，全力修复"水清、岸绿、景美"的长江生态，切实提升江村百姓的获得感和幸福感。

2. 全面增强村民主人翁意识

永兴村聚焦"我为群众办实事"，通过实施"急难愁盼我来解"惠民行动，凝聚党群合力，增强村民主人翁意识，使其主动参与江村建设，不断扮靓村容村貌，再现小桥流水、古道人家水乡风景，构建出一幅"人在村中走，如在画中游"的江村新画卷。

3. 全面促进村庄共同富裕

永兴村抢抓滨江旅游发展机遇，开辟四旅融合新路径，围绕整村推进农文旅项目，持续自主创新"看最美江村，聚前行动力"文旅服务套餐形式。与区、街、村社区组建江村建设大联盟，不断拓宽多产联动维度，持续引导市场、资本、人才、科技向江村集聚，为农业农村现代化发展注入强劲动能，加快实现共同富裕。

（三）彰显文化品牌特色

1. 全域推进红色教育

永兴村紧扣"看得见江水、记得住乡愁、听得到红色故事"江畔多元文化主题，不断挖掘出渡江船工、红色交通线等本土红色资源，复原红色遗址，弘扬红船文化，讲好江边上的红船故事，以红色基因铸魂育人，全域推进基层红色教育工作。

2. 全面延伸乡愁文化

永兴村进一步延伸乡愁文化触角，把动迁村民老宅内的树移植到忆乡林，通过场景复原、文化内涵提升和景区化改造，构建了一方人文高地和精神家园。

3. 全村弘扬廉政文化

永兴村通过彰显兼容并蓄、滋养万物的长江特质，弘扬勇往直前、奋斗不息的民族精神，体现了长江流域的历史文脉以及新时代长江生态的持续改善。永兴村厚植廉政文化内涵，将"清荷堂"从北宋大诗人王安石后裔群居之地黎阳村通过异地保护的形式整幢搬迁至明清园，让古建筑背后的廉政文化在长江边落地生根、发扬光大。

善港村：携手奋进情谊深，同心共筑小康梦

张家港市经济技术开发区善港村和贵州省沿河县高峰村率先探索实践东西部扶贫协作整村推进、结对帮扶。善港村分批派出精准扶贫工作队，通过精准选择产业、激发内生动力和强化民生保障等助力高峰村全面发展，在脱贫攻坚与乡村振兴中探索了"党建、文化、治理、产业、生态"立体式整村帮扶新实践。

▶▶ 一、基本概况

善港村地处全国文明城市、全国百强县前三甲张家港市的杨舍镇（全国千强镇前三名），原是张家港市级扶贫村。2009年以来，善港村党委弘扬"张家港精神"，2012年甩掉"贫困帽"，2021年村级可用财力2500万元，获得全国脱贫攻坚先进集体、全国民主法治示范村、全国乡村治理示范村、全国"一村一品"示范村、江苏省文明村等荣誉称号。

善港村党委以习近平新时代中国特色社会主义思想为指导，深入贯彻落实党的十九大精神和习近平总书记关于打赢脱贫攻坚战、实施乡村振兴战略

等重要讲话精神，在省市各级党委的坚强领导下，以自身发展致富经验、乡村振兴探索为蓝本，对陕西、江西、江苏、湖北、贵州等五省七村实施了整村帮扶。

2018年3月以来，善港村与贵州省沿河县高峰村签订整村帮扶协议，并派出首批精准脱贫攻坚驻村工作队进驻高峰村，建立了整村帮扶关系，帮助高峰村高质量完成脱贫任务。目前，善港村仍常年有工作队队员轮换驻扎高峰村，进一步帮助高峰村推进脱贫攻坚与乡村振兴有效衔接。

2021年，在全国脱贫攻坚表彰大会上，善港村党委被党中央、国务院授予全国脱贫攻坚先进集体荣誉。善港村党委还获评贵州省脱贫攻坚先进党组织、江苏省脱贫攻坚组织创新奖。高峰村人均收入从2017年底的2600元增长至2019年的9000元，贫困发生率从34%降至0，提前一年高质量完成脱贫任务。

二、主要做法和成效

（一）党建引领聚力量

1. 破解主力难题

善港村工作队成立临时党支部，建立"党员干部初心历练基地"，有效凝聚了打赢脱贫攻坚战的信心和决心。工作队采取"长驻＋轮派"的模式，常年有15名骨干成员驻扎在扶贫一线。

2. 引领发展方向

善港村与高峰村党支部开展"支部联建"，在乡村治理、产业发展中实施一系列"党建＋"项目，抓好全村产业规划、收益分红等重大事项，切实提升高峰村党支部凝聚力。打造"党员之家"，建立"网上E支部"，定期开展支部活动；召开"E＋微信恳谈会"，联络各地党员，让在家党员讲家乡发展、在外党员讲家乡期盼，共谋发展良策。

3. 培育后发力量

善港村先后发展青年预备党员4名、入党积极分子6名，激发了党员队伍活力；依托善港农村干部学院，发展培育了一批党员创业致富带头人，带领家乡人民创业致富。

（二）文化扶心增动能

1. 建强主阵地

善港村在沿河县率先探索建设村级文明实践站，新建高峰村文化礼堂、党群服务中心，融办公、教育培训、医疗卫生、乡土特色产品展卖等功能于一体，将服务送到百姓家门口，把办好群众的"小事情"转化为推进脱贫攻坚的"大力量"。

2. 引领新风尚

善港村从妇幼、老人入手，在重要节日、寒暑假期开设周末辅导班、假期兴趣培育班，开展共度新年、主旋律电影播放等各类人文关怀文体活动，分层分类地引导高峰村群众摒弃"等靠要"思想，树立"学习光荣""勤劳致富"观念。

（三）强化治理添保障

1. 广泛发动群众

由临时党支部牵头，善港村成立了"事务联议会"，深化党群共商共建，吸收高峰村群众在项目建设、产业发展、村民分红等方面的意见建议200余条。成立村民务工队、志愿服务队等服务队伍，实现了党员带头、群众自治，将矛盾就地化解。

2. 广泛普惠群众

善港村成立"善扶康"医疗互助项目，注册"善登高峰"公益基金，启动资金10万元。高峰村村民凡一次住院费用超过3000元者，即可按规定享受"二次报销"，有效减轻贫困群众的医疗负担。

3. 广泛引导群众

善港村利用广场舞、观看主旋律电影等新活动和开展文明家庭、"双好"家庭、党员示范岗评选等活动，引导群众摒弃婚丧嫁娶大操大办、嗜酒赌博的落后风气，形成争先比先的好风气。

（四）因地制宜促民富

1. 推进产业革命

善港村争取东西部扶贫资金和社会资金，就地发展高效产业。邀请著名农业专家、善港现代农业首席顾问赵亚夫，规划建设高峰村"一水两园三业"产业布局。建设农业产业园200亩、生态茶叶公园350亩、生态养殖基地100亩，引进果树、茶树、养殖等方面的优质品种50余个。紧抓供给侧结构性改革机遇，注册高峰村农产品品牌商标，为市场提供优质优价扶贫产品。

2. 创新分配方式

善港村和高峰村村集体探索注册农业公司，理清村"两委"与集体企业关系。建立"721"利益分配机制，即公司盈利按照"农户占70%、集体经济占20%、公司运营占10%"的形式进行分红，直接带动50户贫困家庭增收。

3. 培育产业能人

善港村依托善港农村干部学院实行"产业+农民培训"模式培育致富带头人，成功为高峰村培育养殖、种植、茶叶加工等致富带头人和产业工人20余名，组织50户贫困户到产业园学习产业技术。截至2021年12月，善港农村干部学院已为全国培育致富带头人1.7万人次，创业成功率83.5%，累计带贫减贫超过6万人。

（五）留住"两山"绘底色

1. 坚持"绿水青山就是金山银山"

善港村脱贫攻坚驻村工作队和高峰村"两委"划分责任区，率先开展垃圾分类，带头搞集中环境整治，村民主动配合、积极参与。高峰村配备了环保设施，形成了"路路有人扫，时时有人管"的良好氛围，"一把扫帚扫出了新高峰"，干净整洁成为新常态。

2. 坚持生态就是资源，生态就是生产力

善港村脱贫攻坚驻村工作队挖掘高峰村当地自然资源，奋力将生态优势转化为产业优势，选取农产品优质品种，通过引进先进种植养殖技术、搭建环保大棚、改善土壤等方式使高峰村生态美、产业兴、百姓富的可持续发展之路越走越宽。

三、经验启示

善港村在"党建、文化、治理、产业、生态"立体式整村帮扶新实践中，探索出一条脱贫攻坚与乡村振兴有效衔接、东西部扶贫协作创新实践新路径。

（一）坚持党的领导，为脱贫攻坚与乡村振兴有效衔接提供根本遵循

长期以来，贫困地区基层党组织薄弱问题制约着农村发展。在帮扶过程中，善港村以"不走的党支部"为核心理念，通过支部联建等方式，将苏南

基层党建优势和党建引领农村发展经验有选择性地"移植"到高峰村,既提高了高峰村党支部的凝聚力,又提升了高峰村党员的引领力。善港村充分发挥了基层党组织的政治引领功能、组织战斗功能,提升党员干部在扶贫一线的战斗力和号召力,为脱贫攻坚和乡村振兴提供坚实的组织保障。

(二)坚持"智志双扶",为脱贫攻坚与乡村振兴有效衔接提供关键保障

善港村既通过文化感染"扶志",又通过技能培训"扶智"。通过开展丰富的文化活动、解决群众身边边角问题,把办好群众的"小事情"转化为推进乡村振兴的"大力量",提升了群众"想富要富"的信心和冲劲。通过党支部联建、发展理念联享等方式,着力从思想上和行动上培养一批高素质专业化村干部队伍和后备力量,让中西部地区群众从"要我脱贫"转变为"我要脱贫",从"要我富"转变为"我要富",真正让群众在乡村振兴中"靠双手吃饭,凭能力致富"。

(三)坚持就地发展,为脱贫攻坚与乡村振兴有效衔接提供持续动力

发展产业是治贫的根本之策。在帮扶过程中,善港村因地制宜,抓准优势发展产业,持续推动高峰村脱贫致富。坚持在高峰村当地资源禀赋的基础上寻找发展机遇,同时突出保护生态的绿色理念,不搞大拆大建、大挖大改,将产业发展定位为"利用优势,改造劣势,劣势变优势",精准地建立起扎根当地的规模性高效性产业。同时,避免"短平快"产业扶贫弊端,建立起贫困户和村集体经济稳定增收的长效机制,理清"帮扶谁""谁帮扶"等问题,既在产业发展中培育致富带头人和产业工人,提供工作岗位增加贫困户经济收入,又培训产业工人能人,以促进产业长期持续发展。

(四)坚持经验输出,为脱贫攻坚与乡村振兴有效衔接提供重要支撑

发展依靠人才。为解决好人才培养难题,在总结高峰村开展农业人才实训培养经验的基础上,善港村成立了善港农村干部学院,学院获批国家乡村振兴局创业致富带头人(善港)培训基地,挂牌江苏省党支部书记学院农村分院,推广输出善港村脱贫扶贫经验,培育一批敢创业的致富带头人、能带头的基层党建带头人和"一懂两爱"(懂农业、爱农村、爱农民)的各类农村干部,全面提升、丰富和更新贫困地区干部群众的理论实践能力、乡村治理专业化知识和各类新型经营理念,为乡村振兴注入新的活力和动力,提供坚实的人才支撑和智力保障。

"美丽菜园"当抓手,绘就美丽南新新图景

"美丽菜园"是农业农村现代化指标中"三高一美"(高标准田园小综合体、高标准水产养殖、高标准蔬菜生产和美丽生态牧场示范基地)的重要一环,"美丽菜园"创建成为推动高标准蔬菜生产基地建设和蔬菜产业高质量发展的重要平台和载体。一直以来,南新村以夯实乡村振兴基础为导向,以党建引领村民自治,以创建带动示范,步步为营、久久为功,将美丽菜园成功变身百姓幸福家园。

▶▶ 一、基本概况

(一)南新村基本村情

南新村地处张家港市杨舍镇西北部,村域东依朝东圩港、杨新公路,与晨新村隔河相望,南沿老张杨公路,与泗港办事处、严家埭村交界,西与晨南村接壤,北与大新镇中山村为邻,晨丰公路、晨阳人民路横穿而过。2004

年4月由原南新、校兴、新南、晨光四村合并而成，全村区域面积约6.4平方千米，下设39个村民小组，可耕地面积6500亩，是个农业大村。全村常住人口近8000人，其中户籍人口5680人，村党总支下设7个党支部，共有党员227名。

（二）南新村地理特点

南新村是四村合一的大村，其地属于长江冲积平原，以砂壤土见多，自然埭以带状呈现。村埭之间基本形成了前后有河、门前有自留地的带状宅基地特点和生活方式。

（三）"美丽菜园"基本情况

南新村百姓淳朴、勤劳、善良，户均自留菜地达到0.75亩，是美丽菜园建设的人文和物质基础。2017年以来，南新村7个自然埭全域开展了美丽乡村建设，并在美丽乡村建设基础上，整体规划，精心布局，利用防腐木料及原有竹篱将自留地周围改造成朴素环保的小菜园围栏，户间用小青砖矮围墙隔开，美观自然，着力打造富有生态田园农家情趣的"高颜值"菜园。在党建引领下，村委充分发挥党员中心户、乡贤五老的带头作用，引导村民树立主人翁意识，自发参与建设和自治，自觉整理维护家前屋后"三分地"。2020年，美丽菜园建设总面积达到500亩，2022年发展到近800亩。菜园间蔬菜品种多样，村民朋友们互通有无，尤其在疫情防控期间，菜园为蔬菜保供和一方稳定奠定了坚实的基础。村埭之间形成一派村美人和物丰的和谐景象。

▶▶ 二、主要做法和成效

南新村在美丽菜园建设过程中，突出党建引领、村民自治，将美丽菜园建设与美丽乡村建设相结合，将打造洁美生产环境与发展绿色蔬菜产业相结合，将蔬菜的绿色自给和人居环境提升相结合，做出了"美丽菜园，幸福家园"的南新示范。

（一）党建引领，村民自治

以南新村油车埭为例，老百姓家前屋后自留地面积普遍很大。建设之初，各种百姓自制的棚架设施随意搭建，整体种植无序、布局杂乱、产量低下。为此，南新村党总支开展专题研究，各支部主动召集党员中心户、村民代表，充分发挥村民自治作用，党员干部带头，村民们自发参与问题讨论，最终达成共识，坚决取缔门前自留地超 1 米高的棚架搭建，同时划定原有社场、空地等作为集中棚架区。通过"疏堵结合"，统一规整、划块种植，老百姓自觉整理维护起家前屋后的菜地，形成了"党员带头、群众拥护"的美丽菜园建设氛围，描绘出以家庭之"小美"汇聚起乡村之"大美"的菜园风景。

（二）产业增效，农民增收

村农技人员利用蔬菜科技入户的辐射力量，带动老百姓优化种植品种、提升种植技术，老百姓自留地的菜园子平均复种指数达到 3 以上，菜园蔬菜品种多样，质量大幅提升，实现了从零散的无序种植到品种多样化、品质化的跃升。老百姓们不仅能吃到自家的优质蔬菜，富余产品还能自产自销或是成为亲朋间的送礼佳品，真正实现了土地产出率的提高，促进了农民增收。

（三）乡村美化，百姓幸福

在油车埭美丽乡村建设基础上，南新村通过整体规划，精心布局，结合乡村特质，打造出富含生态田园农家情趣的"高颜值"菜园。同时，通过科普宣传氛围的营造，把美丽菜园变成科普教育阵地和网红打卡福地。

▶▶ 三、经验启示

（一）"美丽菜园"是农产品稳产保供的战略需要

房前屋后的零星菜地是常年菜地的重要组成部分，对于蔬菜稳产保供和满足农民对蔬菜自给自足的需求也十分重要，这一重要性在疫情防控期间尤为凸显。美丽菜园建设对于蔬菜播种面积和高质量发展指数均有突出贡献。

（二）"美丽菜园"是提升农村人居环境的现实需要

美丽菜园建设有现代园林设计理念，有现代蔬菜良种引导，有农耕文化浸润融合，有市场要素配置运营。作为美丽乡村的一道景观，"美丽菜园"更是乡村旅游和民宿经济的有机组成部分。

（三）"美丽菜园"是现代农业高质量发展的有力支撑

"美丽菜园"作为蔬菜产业高质量发展的重要一环，不可或缺且事关民生福祉。将美丽菜园建设结合党建活动统筹推进，激活老百姓建设"美丽菜园"的行动自觉，以点带面，有力推动美丽菜园建设全面开展、整体提升。

（四）"美丽菜园"是实现功能拓展和常态长效的必由之路

"美丽菜园"三分在建，七分在管，以"工分制""积分制"等为引领，建立长效管护机制，实现由"以建为主"向"建管结合"转变。同时，注重将农耕文化等多元素融入美丽菜园建设，利用标识标牌、宣传栏等载体，开展以乡风文明传播、农耕技术传承、二十四节气知识普及以及乡土农民画为内容的宣教活动，使"美丽菜园"活动丰富多彩，功能性更强、更多元，与美丽乡村建设、农业知识科普活动等多元融合、相得益彰。

（五）"美丽菜园"建设管理中党建引领、村民自治是核心所在

以人为本，以上率下，充分发挥党员、村干部、妇女骨干、志愿者、优秀青年的示范带头作用。在美丽菜园建设、组织实施中，充分调动和发挥广大百姓的自治能力和主观能动性，在资源集约、长效管护、技术引领上，让他们实实在在地看到建设成果、种植效果，得到经济实惠。打造"党建"菜园、"巾帼"菜园、"智慧"菜园、"邻里"菜园、"共享"菜园，通过荣誉激励，增进党群关系、干群关系。

干群同心齐发力，常北蝶变换新颜

常北社区以"苏州市康居特色村"创建为契机，社区干部深入一线、率先垂范，党员骨干冲锋在前、模范带头，创新宣传形式，完善激励机制，常态化开展评比活动，充分调动社区群众参与农村人居环境整治行动的积极性和主动性，使之成为农村人居环境整治的主力军，形成共建共治共享的良好局面。

▶▶ 一、基本概况

常北社区位于张家港市常阴沙现代农业示范园区的东部，紧邻长江，总面积5.2平方千米，下辖20个居民小组，总户数980户，户籍人口2930人。社区党总支下辖5个党支部，有党员109名。常北社区按照农村人居环境整治行动的总体要求，发挥党建引领作用，以"苏州市康居特色村"创建为契机，创新工作举措，常态化开展"示范户""示范组""红灰榜""星级户"

等评比活动，周期性开展形式多样的宣传活动，引导居民群众广泛参与农村人居环境整治行动，实现村庄面貌焕然一新。在张家港市农村人居环境整治现场考评中，常北社区多次位列全市前茅。社区先后获评江苏省农村人居环境整治综合示范典型、苏州市康居特色村、苏州市十佳最美乡村、苏州市农村人居环境整治提升工作示范村等荣誉称号。

▶▶ 二、主要做法和成效

（一）同干共创，融洽干群关系

1. 科学合理规划

2019年，常北社区启动"苏州市康居特色村"创建工作，为使村庄改造布局更合理、功能更完善、群众更满意，社区党总支多次召开党员大会、群众代表会议，进行宣传发动，认真收集意见、建议。同时，在社区党总支书记的带领下，社区干部在村庄各处走访调研，整理各项资料，现场听取群众意见，加强沟通协调，不断优化规划设计方案，确保村庄改造在符合群众需求的基础之上提升内涵气质，在方便群众生产生活的基础之上带动产业发展。

2. 完善机制体制

常北社区修订完善村规民约，增加人居环境整治相关内容。制定出台《社区人居环境整治考核办法》《社区人居环境整治星级户、示范户、示范组考核评比办法》《社区"最美堆放"评比办法》《社区"美丽庭院"评比办法》和《社区"美丽菜园"评比办法》，定期开展考核评比，并在每个村民小组公示栏张榜公布，提高村民开展人居环境整治的积极性和主动性。

3. 加强统筹协调

常北社区由村党总支书记担任村庄清洁指挥长，社区干部分片包干，深入村组一线，及时发现问题，列出问题清单，提出整改方案，具体责任到人，倒排时序进度，确保按时完成整改。组织开展"人居环境整治春（夏、秋、冬）战役""干干净净迎国庆""干干净净迎小康""洁美常北，百日攻坚"等人居环境整治专项行动，营造良好的整治氛围。

（二）同管共治，促进乡风文明

1. 广泛宣传发动

社区成立由干部、党员群众骨干、中小学生等组成的志愿者团队，利用傍晚时分村民空闲的时间段，以"纳凉晚会"的形式，按组召集村民，开展人居环境整治和生活垃圾分类宣传。利用"最美常北"微信公众号、常北小喇叭、宣传栏、黑板报等载体开展宣传，讲述"常北故事"，宣传美丽乡村建设和人居环境整治过程中的感人故事、感动人物。常态化、多形式的活动宣传，帮助村民实现了由"要我做"向"我要做"的转变，使村民成为人居环境整治行动的主力军。

2. 参与议事监督

美丽乡村建设过程中，社区成立由党员群众代表组成的党群议事会、党群监事会，定期通报项目推进情况，集思广益，商讨推进过程中遇到的问题并提出解决办法，加强工程质量监督，确保项目按时序、高质量推进。推行项目公示制度，工程项目保持透明化、公开化，引导村民一起加入日常监督。通过村民实时监督和监理适时监督，保证工程质量，帮助村民由"社区做"向"为我做"转变，增强村民主人翁意识。

3. 开展村民自治

为确保人居环境整治常态长效，社区成立由社区干部和党员群众组成的志愿者团队，组织开展"党员责任区认领"、志愿者"早查晚督"等活动，党员群众常态化自发开展督促检查、考核评比。利用村庄里的微广场，举办"美丽乡村夜话会"等主题活动，引导村民们畅所欲言，互评互议，提升人居环境自治意识。组织村民自愿在木板上书写关于人居环境、乡风文明等内容的承诺，将相关内容整理为"一幅画"的形式，布置在村口位置的墙面上，塑造成一面"村民承诺墙"，提升村民的自律意识。

（三）同建共享，催生"美丽经济"

1. 打造网红景点

为使美丽乡村既留住乡愁记忆，又彰显文化内涵，项目建设既花最少的钱，又能办最大的事，社区党组织积极动员社区能工巧匠积极参与到乡村改造中，带领群众一起干。社区干部带领群众保持"白+黑""6+1"的工作状态，在拆迁工地、废旧堆场找寻废旧材料，通过创新性的自主设计，制作小品小景、游乐设施。社区成功打造独具常北特色的知青主题园、年代记忆村庄、健康主题园、林里小坐等网红景点，成为社区的亮丽风景，使游客在这些景点流连忘返，带动文旅产业可持续发展。社区组织开展"最美巧手匠""最美参与者"等评比活动，鼓励更多村民主动参与到美丽乡村建设中，充分激发村民的参与热情，提升社区发展的活力。

2. 发展乡村旅游

社区以成功创建"苏州市康居特色村"为契机，利用社区网红景点和广阔农田，结合社区特色地方文化，组织开展各类主题的乡村旅游活动，包括农事体验、稻田餐厅、稻田摸鱼、登高赏稻田画、田野小火车、野餐露营、篝火晚会等。近年来，社区游客数量逐年翻番，甚至数倍增长。

3. 带动村民增收

社区村民种植农副产品，开办特色产业，实现收入的跨越式增长。村民种植的玉米、花生、芋头等农副产品，企业培育的有机瓜果、螃蟹等，供不应求。村民开办的农家乐经营有道，取得良好效益。美丽乡村建设带动了乡村旅游的发展，帮助村民增收致富。

▶▶ 三、经验启示

（一）党建引领，做好模范先锋带头作用

在农村人居环境整治行动推进中，社区党总支积极发挥党员的率先示范和引领带动作用，坚持党建引领各项工作开展。定期召开专题会，组织开展"党员责任区认领""垃圾分类督导员""党群监督员"等活动，吸引更多党员主动参与到活动中来，发挥积极作用。

（二）创新宣传，引导居民群众全员参与

社区推行"党员干部带头＋优秀典型示范＋村民群众接力"工作法，通过上门宣传指导，开展"星级户""示范户""示范组"等评比活动，动员并带领村民主动参与人居环境整治行动，扮靓美丽庭院。此类活动，既使村民充分利用废旧材料，变废为宝，装扮村庄庭院，又增进了党群、干群关系，形成工作合力。

（三）强化监督，推动整治工作有序进行

社区加强网格化联动，网格员定期定时定点进行全区域的详细检查，党员群众志愿者保持实时督查，确保及时发现问题并及时解决。加强对垃圾收运体系的管理，采取"专人专桶""早查晚督""积分兑换""优秀评比"等管理激励举措，增强居民参与人居环境整治行动的主动性和积极性，提升群众的文明素养、自治意识和幸福指数。

"党组织+"激发"新农"组织活力的常熟路径

▶▶ 一、基本概况

常熟市位于江苏省南部,是由苏州市代管的县级市,东北濒长江,与南通市隔江相望,东南邻太仓市,南接昆山市、相城区,西连江阴市、无锡市锡山区,西北与张家港市接壤。常熟市下辖8个镇、6个街道,总面积1276.32平方千米。2014年11月,常熟市被确定为国家第二批农村改革试验区,承担农民合作社、家庭农场基层党组织建设试点工作。经过一年多的试点工作,形成了较为系统的"新农"组织党建"常熟模式",接受并通过了农业农村部委托的第三方南京农林大学专家组的评审和验收。常熟市通过"党组织+"形式,让"新农"组织活力充分迸发。

(一)深入调查摸底,全面掌握情况

常熟市及时组成三个工作组进行实地专题调研,掌握一手情况。市委组织部、农办等部门会同各镇（区）党委分别就"新农"组织基本情况、党组织组建情况进行调查摸底，做到"三个清楚"，即"新农"组织数量、分布和生产经营情况清楚，"新农"组织党组织、党员和党建情况清楚，"新农"组织理事会和社员对党建工作的态度清楚。在此基础上，建立"新农"组织党建信息库，形成一社（场）一表，实行动态管理。

（二）及时动员部署，明确工作任务

市委召开常委会，研究出台《常熟市农民合作社、家庭农场基层党组织建设试点工作实施方案》，明确试点工作原则、目标任务、进度安排、制度体系及具体措施。同时，召开全市试点工作动员部署会，全面启动试点工作，分解任务，明确责任。

（三）开展先行先试，分类重点指导

按专业合作社、家庭农场、合作农场和专业协会等不同类型，分果品、稻米、蔬菜、水产、农机、劳务等不同产业，常熟市明确33家"新农"组织作为先行先试单位，分别确定试点方向和实现路径，逐一制订具体工作方案，并对先行先试单位进行跟踪指导，及时发现并解决问题，为整体推进打下基础。

（四）抓好集中组建，持续深化推进

在开展先行先试的基础上，常熟市统一部署，集中推进"新农"党组织组建工作。召开全市"新农"党建工作推进会，对试点工作进行阶段性梳理和总结，明确下阶段重点任务，深化"新农"党建工作，着力推动全市"新农"组织实现党的组织和工作两个全覆盖，不断提升"新农"党建试点工作成效。

▶▶ 二、主要做法和成效

（一）以"1+4"工作力量实施精准高效的服务指导

"1"：成立由市委副书记任组长的农民合作社、家庭农场基层党组织建设试点工作领导小组，统筹协调全市"新农"组织党建工作。"4"：设立"新农"党建工作指导委员会，负责全市"新农"党建工作的具体指导；以镇为单位组建"新农"党建联盟，负责组织镇域内各"新农"党组织开展教育培训、学习研讨、观摩交流等活动；镇域内建设若干区域党建服务站，为

"新农"党组织开展活动提供阵地保障,协调共享区域内各类党建资源;选派党员农业专家、党建指导员和大学生村官三支服务队伍,帮助"新农"党组织规范开展组织活动,规范发展党员,协调党组织与合作社理事会之间的关系,利用专业特长帮助"新农"组织发展壮大。

(二)以"1+4"组建形式构建有效覆盖的组织框架

"1":单独组建,规模较大、产业特点明显、有3名以上正式党员且人员较为稳定的,全部单独组建党组织。"4":龙头带建,龙头企业或村级合作农场领办的合作组织,联合组建党组织,由龙头企业党组织或村级合作农场党组织进行日常管理;产业统建,在稻米、蔬菜、水产等三大产业带和其他产业聚集区域,组建产业党委或党总支,由镇党委直接管理;区域共建,对农业园区、养殖基地内的合作组织,建立区域党组织,进行共同管理;指导帮建,对不具备建立党组织条件的,选派党建工作指导员,帮助组建党组织。

(三)以"1+4"管理模式建设富有活力的党员队伍

"1":单方隶属,理事会成员等核心层社员党员的组织关系接转到"新农"党组织,其他社员党员及辐射带动的农户党员,可按照自身意愿选择一方确定组织关系隶属。"4":双方登记,对组织关系未转接到"新农"党组织的社员党员,在"新农"党组织和原党组织均进行登记,向其发放"新农"党组织党员教育活动管理证,持证参加组织活动,并记录日常表现情况;双向活动,"持证党员"除参加所在村党组织的村级重大问题决策、发展党员和处置不合格党员以及换届选举会议等活动外,平时参加"新农"党组织的日常组织生活,并由"新农"党组织负责党员民主评议;双岗履职,"持证党员"既要在村党组织认领服务岗位,也要在"新农"党组织认领服务岗位,并做出双岗履职承诺;双重管理,由"新农"党组织和村党组织对"持证党员"进行双重管理,实行量化积分考核,年底由"新农"党组织和村党组织进行双向反馈,用量化积分回答"先不先进,优不优秀"问题。

(四)以"1+4"活动平台搭建务实管用的工作载体

"1":实施"党旗引领民富"工程,以"党旗引领民富"为主题,搭建活动载体,丰富活动内容,创建"新农"组织党建品牌。"4":开展"三会一课"(定期召开支部党员大会、支委会、党小组会,按时上好党课)活动,不断丰富党组织活动内涵；开展科技素质培训活动，利用农村党员科技素质培训基地和远程教育站点等平台，组织开展有针对性的科技素质培训；开展岗位竞赛活动，通过广泛开展献计献策、科技攻关、岗位练兵、技能比武等活动，发挥党员先锋模范作用；开展"双带"活动，实施以"党员带头致富、带领群众致富"为内容的"双带"活动，引领、带动一批农民共同致富，培养一批农民党员"双带"标兵。

（五）以"1+4"激励政策健全持续有效的保障体系

"1"：出台1个产业激励办法，根据示范党组织、先进党组织和优秀党组织等不同层次，给予不同的产业政策优惠。"4"：拨付专项服务经费，把"新农"党组织的党建经费纳入财政预算，每个"新农"组织党组织下拨2000元的专门服务资金，并建立动态增长机制；补助党组织活动经费，按每名党员200元的标准补助活动经费，对新建的"新农"党组织，一次性给予2000元资金补助；进行阵地建设奖励，开展示范型党建活动阵地评选，给予每个通过验收的"新农"组织党组织1万元的阵地建设资金奖励；进行党费全额返还，对组织关系在"新农"党组织的党员所缴党费实行全额返还，专项用于保障"新农"组织的党建经费。试点期间，全市累计投入经费304.49万元。

▶▶ 三、经验启示

（一）动态实现了"新农"党组织全覆盖

常熟市各级党组织迅速把"新农"领域作为党建工作的着力点，按照"有利于开展活动、有利于教育管理、有利于发挥作用"的原则，坚持因社制宜、一社一策，采取综合措施，在全市"新农"组织中强力推进党组织组建工作。其间，全市共成立102个"新农"独立支部、49个联合支部，分别是试点前的5.36倍、2.72倍；对不具备建立党组织条件的"新农"组织，通过区域性党建工作站进行工作覆盖。全市340家"新农"组织实现了党的组织和工作覆盖率100%。

（二）探索形成了"党组织+"运行模式

常熟市根据不同的产业特点和各"新农"组织的不同发展形态，以党组织为核心，以龙头企业、行业协会、产业园区、合作农场为依托，以"新农"组织为基础,以其他要素为补充,探索形成了"党组织+"的运行治理模式。如以"都市生态农业"为主要集群的原虞山镇,形成了"党组织+农业园+合作社"的运行模式;渔业较为集中的沙家浜镇,形成了"党组织+产业园+党建联盟"的运行模式;蔬菜产业特色较为明显的董浜镇,形成了"党组织+产业协会+党建联盟"的运行模式;家庭农场较为集中的古里镇,形成了"党组织+龙头公司+家庭农场"的运行模式;尚湖镇形成了"党组织+公司+合作农场"的运行模式;梅李镇则形成了"党组织+规模合作社+种植户"的运行模式。其他各镇也都形成了各具特色的"党组织+"运行模式,把一家一户小规模生产连接起来,形成了上联行业协会或"新农"组织、下联农家农户的工作格局,有效凝聚了广大社员,进一步扩大了基层党组织的影响力。

(三)有效夯实了"新农"党建工作基础

针对各种组织形态中的各类主体既相对独立又紧密联系的特点,常熟市制定了党建联盟、产业协会、村党组织、"新农"组织党组织4份责任清单,各明确3项主要责任,形成了"3×4"责任体系,确保各类主体既各司其职又相互配合。通过厘清党组织职责清单,规范开展活动,理顺党员组织关系,亮明党员身份、明确党员要求,党组织作用逐渐显现,党员的主体意识得到了增强,党教育群众、引领群众、凝聚群众的工作在"新农"组织领域实现了新的拓展和填补,党的基层基础得到夯实。全市有389名党员直接隶属于"新农"党组织,是试点前的1.7倍,629名党员纳入村和"新农"党组织双重管理。33家先行先试"新农"党组织共开展党的组织活动205次,建成151个先锋责任区,联系服务群众3406人,开展各类技术培训158次,累计培训6852人次,建成党员活动阵地1549平方米,党员群众对"新农"党组织工作满意率都在92%以上。全市基本建成11个市级示范"新农"党组织。

(四)有力促进了产业发展和农民增收

常熟市通过充分发挥"新农"党组织的示范引领、组织协调、管理服务作用,进一步健全了资源共享、生产互助的机制,促进了全市"新农"组织创办主体多元化、经营范围扩大化、经营产业特色化、服务形式多样化,推进了农业产业化进程。同时,"新农"党组织通过集中培训、市场信息反馈、技术指导、组织经验交流、开展党员"双带"活动等方式,解决农民发展农业产业的难题,引导带动农民整体增收致富。

(五)初步建立了党建工作制度体系

常熟市及时对试点工作成果进行制度性总结,形成了以"一个党组织工作细则、一个党员教育管理办法、一个示范党组织评定标准、一个产业激励办法"构成的"四个一"制度成果。同时,总结提炼了以"建强组织、构筑平台、贴心服务"为核心要义,以"灵活设置组织、建立联动机制、创新开展活动、开设农家课堂、提供智能服务、构建协调机制"为主要措施,以"做给农民看、带领农民种、帮助农民销、解除农民忧"为根本任务,以"让党员乐在其中、让社员乐在其中、让百姓乐在其中"为最终目标的"乐百姓"党建工作法,使党建工作真正成为新型农民合作组织健康发展的"导航仪"。

科技赋能，引领常熟国家农科园转型升级

江苏常熟国家农业科技园区坚持核心引领，不断加大建设力度，完善主核心区功能，充分依靠先进科技的力量，全面搭建科研合作平台，加强创业孵化，扶持涉农主体，提升产业辐射能力，以水稻、蔬菜、水产为三大主导产业，根据产业布局特点，形成了"一核三带多园区"的总体发展定位，建成了集科研、生产、示范、推广、科普、培训、休闲、创业等功能于一体的国家级农业科技园区，为现代农业发展贡献了常熟力量。

▶▶ 一、基本概况

江苏常熟国家农业科技园区（以下简称"农科园"）位于江苏省常熟市，于 2001 年获批试点建设，2009 年通过科技部、农业部等六部委联合验收并正式挂牌，成为全国首批、江苏首家国家级农业科技园区，也是目前苏州唯一的国家级农业科技园区。农科园成立了市场化运作主体——常熟市农业科

技发展有限公司,负责园区农业综合开发。公司注册资金1.82亿元,下辖全资子公司6家,产业涉及种业、农机、水产、畜牧、农业技术服务、资产管理、休闲农业等。同时,按照常熟市委、市政府的要求,江苏常熟国家农业科技园区管理办公室同时兼管江苏省现代农业产业示范园、江苏省农业高新技术产业示范区和苏州市现代农业园区的建设管理工作。建园以来,农科园在引领服务农业园区发展、引领农业主导产业提升、搭建科研合作创新平台、完善主核心区功能、探索园区市场化运作、扶持创新创业孵化等方面取得了较好成效,先后被评为江苏苏州(常熟)国家科技特派员创业基地、江苏省数字农业农村基地、江苏省科普教育基地、江苏省农业创意园、江苏省博士后创新实践基地区域站、苏州市智慧农业示范基地等,入选苏州市智慧农业十佳品牌案例。农科园于2013年底成立管理委员会(2021年5月更名为管理办公室)并开始进入实质性运作阶段。

▶▶ 二、主要做法和成效

(一)坚持核心引领,服务全市园区快速发展

农科园以水稻、蔬菜、水产为三大主导产业,根据产业布局特点,形成了"一核三带多园区"总体发展定位。"一核"为国家农业科技园区主核心区;"三带"为南部高效水产示范带、东部高效蔬菜园艺带、西部优质粮食产业带;"多园区"为各镇(街道)不同产业特色的多个农业园区。农科园服务全市,建成农业园区面积59万亩,共创建苏州市级以上农业园区17个,其中国家级园区1个、省级园区5个、苏州市级园区11个;按产业类型分,则综合科技型园区2个、水稻园区7个、蔬菜园区4个、渔业园区3个、农产品加工集中区1个。

(二)加大建设力度,主核心区功能不断完善

农科园主核心区建成面积超1500亩,投入超3亿元,集科研、生产、示范、推广、科普、培训、休闲、创业等功能于一体,主要包括优质水稻繁育、蔬菜园艺科研、特色水产育苗三个创新区以及国家级"二花脸"猪保种中心。优质水稻繁育区以常熟市农科所端木银熙为代表的水稻育种团队为技术依托,先后承担包括国家高技术研究发展计划("863"计划)在内的国家、部、省、市水稻育种攻关项目和成果转化项目等60多项,共取得各类科学技

术成果43项，其中省部级14项、市级29项。先后育成"太湖粳系列""常农粳系列""常优系列"共计38个水稻新品种，在江、浙、沪、皖、鄂五省（市）累计推广面积超7000万亩，增产粮食20.6亿千克，增加社会经济效益30多亿元。蔬菜园艺科研区建成代表国内先进水平的文洛式智能化玻璃温室3.6万平方米，主要用于蔬菜园艺新品种、新技术、新模式的科研示范引领，包括架式草莓栽培、自然光型植物工厂、新品小番茄岩棉栽培、热带植物科普馆、月季新品种培育、虹越园艺资材服务平台、星创天地等。特色水产育苗区以澳洲淡水龙虾虾苗为主要研发产品，集配种、孵化、养殖、销售于一体，致力于把优质的澳洲淡水龙虾虾苗推向全国及世界各地。虾苗产业占江浙沪市场90%以上，辐射带动北京、新疆等20多个省、自治区、直辖市，养殖面积超1.3万亩。国家级"二花脸"猪保种中心以保护国家唯一禁止出口猪种"二花脸"猪种为主要任务（该猪种为世界产仔之王，世界纪录是一胎产仔42头），中心设有国内一流的生产设施设备，实现了生态养殖，被评为苏州市"美丽牧场"。

（三）强化科技支撑，产业辐射能级持续提升

农科园引领全市农业三大主导产业不断升级。优质粮食产业带以西北部尚湖、常福、海虞为主体，带动全市良种覆盖率95%以上，农机装备跟进配套，常熟市因此获评"全国首批基本实现主要农作物生产全程机械化示范县"和"江苏省粮食生产全程机械化整体推进示范县"。高效水产示范带以南部沿锡太线沙家浜、支塘、辛庄为主体，近年来完成了池塘标准化、养殖生态化改造，渔业机械、水质在线监测、智能化防盗等配套设施齐全，设施渔业面积5.76万亩，亩均效益6000元以上。高效蔬菜园艺带以东部董浜、碧溪、梅李为主体，是江苏省出口蔬菜重要生产基地，蔬菜年产量超过110万吨，年出口各类蔬菜近万吨。碧溪园区被农业农村部确定为"蔬菜机械化生产技术装备试验示范基地"。

（四）突出协同创新，科研合作平台全面搭建

农科园坚持把农业科技创新摆在突出位置，借力长三角涉农院校优势资源，以常熟国家园区主核心区为主导，通过共建市场化主体、创新合作平台等多种形式，围绕农业全产业链，不断推动校地产学研、农科教深度合作，依靠科技创新驱动，引领支撑全市现代农业发展。共建有科研创新创业合作

平台41个，其中园区主核心区7个，实现了"一镇一院校"合作对接全覆盖。农科园利用常熟科技镇长团机制，聘任省农科院专家为管理办副主任（4年3人），协调院地双方资源，加强农业科技成果转化、农业"三新"（新产业、新业态、新商业模式）示范引领、农业科技服务基层等方面的工作。

（五）加大创业孵化，各类涉农主体日益强大

农科园共扶持创建常熟都市农业、智慧田园、现代渔业、噫嘻谷4个国家级星创天地和虞尚农客1个省级星创天地。通过完善政策杠杆及配套服务，农科园发挥资源优势，加大产业招商及推广力度，让人才、科技、资金等创新要素不断集聚，累计培育创新创业团队76个，引进培养国家级人才4人、省级人才19人、苏州市级人才38人、常熟市级人才56人，以及99个农业科技创新项目，形成一个完整的"成果—孵化—加速—规模化生产"科技创新服务链。同时做好对入园企业的各类服务工作，协力做大做强，共有入园企业160家，其中苏州市级以上农业龙头企业37家，拥有"常熟大米"等国家地理标志产品4个，"虞盛""海明""长洪"等苏州市级以上农业名牌产品19个。

▶▶ 三、经验启示

（一）聚力省级农高区创建，推动农科园建设转型升级

按照科技部提出的农业高新技术产业示范区"333"建设规划，以及江苏省《省政府办公厅关于推进农业高新技术产业示范区建设发展的实施意见》，以苏州市人民政府为申报主体，以常熟国家农业科技园区为基础，省级农业高新技术产业示范区创建成功。省级农高区总面积约7.3万亩，以"绿色融创"为主题，以"太湖生物种业创新中心"为平台，以"江南食谷"为品牌，以生物种业为主导产业，以优质稻米、特种水产、设施园艺为辅助产业，打造乡村振兴和现代农业高质量发展的"精致样板"。

（二）聚力省级农业要害工程，推动种业育繁推一体化

农科园紧扣中央一号文件"要打好种业翻身仗"的明确要求，继续依托常熟市农科所水稻育种团队的技术支撑，不断选育口感佳、产量高、抗性强的水稻新品种。加快建设现代种业项目工程，工程总面积3675亩，总投资

5800 万元，包括种子仓储加工中心和智慧种业制繁种基地。种子仓储加工中心被列为江苏省 2021 年农业农村重大项目要害工程，集仓储、烘干、加工和检测管理服务等于一体，建成后可年储存加工稻麦良种 1000 万千克以上，供种覆盖面积 160 万亩。智慧种业制繁种基地以江苏首批粮食生产"无人化农场"建设为标准，应用智能农机装备与技术，实现种业生产管理精准化、智能化和信息化，打造集标准化、机械化、生态化、智能化于一体的种子育繁推基地。

（三）聚力创新创业孵化培育，推动农科园公共服务能力进一步提升

农科园全面良好运行 4 家国家级星创天地和 1 家省级星创天地，梳理汇编人才、金融、财政、农业、科技、土地等方面的相关扶持政策，出台招商引资专门政策，营造良好营商环境，全力做好农业项目的招商引资工作。以申报国家地理标志农产品为抓手，全面提升"常熟大米""常优""二花脸""鸭血糯"等品牌的区域影响力。

（四）聚力农发公司主营业务，推动农科园市场化运作水平进一步提高

农科园以现代化企业管理为标准，按照国资办要求，不断完善常熟市农业科技发展有限公司法人治理架构，加强公司运营队伍素质建设，着力提升公司五大主营业务（农机、种子、水产投入品、生猪养殖、土壤治理）市场竞争力，至"十四五"期末，争取年销售总额超 1.5 亿元。

（五）聚力农业科技创新合作，推动农科园示范引领作用进一步扩大

农科园加强与南京农业大学、江苏省农业科学院、扬州大学等科研院校的交流对接，深化校地创新平台合作。加大新品种、新技术、新模式引进力度，充分发挥示范引领作用。加强区镇合作联动，形成"一核三带多园区"发展"一盘棋"格局。

打造"五有"幸福养老的蒋巷样板

蒋巷村基于本村经济、文化特点,通过实现"老有所养、老有所住、老有所医、老有所乐、老有所为"全覆盖,破解农村养老的一系列难点痛点,不断提升老年人获得感、幸福感和安全感,走出了一条在共同富裕基础上的农村幸福养老之路,打造了富有江南特色的"五有"幸福养老蒋巷样板。

▶▶ 一、基本概况

蒋巷村位于常熟市的东南,全村192户,共875人,村辖面积3平方千米。村里60岁以上老年人有229人,占户籍人口的26%,是中国经济发达地区农村老龄化的缩影。近年来,蒋巷村结合本村经济、文化特点,通过实现"老有所养、老有所住、老有所医、老有所乐、老有所为"全覆盖,成为富有江南特色的代表品质生活和幸福养老的老年友好型村庄。蒋巷村先后获得全国文明村、国家级生态村、全国民主法治示范村、全国乡村治理示范村、全国新农村建设科技示范村、全国敬老模范村等荣誉称号。

二、主要做法和成效

(一) 用"集体+个人"的全周期保障"老有所养"

1. 主动构建以居家养老模式为主的养老形式

蒋巷村根据江南农村和老年人需求的实际,鼓励和支持孝道立家,努力建设良好家风家训,让亲情人伦回归家庭,防止村内出现啃老、弃老等社会丑恶现象。实施积极老龄化行动,鼓励依靠家庭解决养老问题,遵循人口老龄化和个体生命发展的规律,引导村民提前做好养老思想准备,重视个人养老规划。尤其鼓励年轻人未雨绸缪,自强备老,做好养老物质准备,按时足额缴纳养老保险金,学习理财并适当购买商业养老保险;加强身体锻炼,保持身心健康,在生活中积极主动关心、帮助身边的老人;做好生育准备,积极响应政府政策,主动提高家庭生育率。

2. 出台《蒋巷村村规民约奖励制度》

蒋巷村出台《蒋巷村村规民约奖励制度》,从制度层面充分保障了老年人的晚年生活。根据《蒋巷村村规民约奖励制度》,蒋巷村男性村民满58岁、女性村民满55岁可按"老"取酬,每月可领取600至2300元不等的养老金。

3. 鼓励老人与子女同住

蒋巷村对与子女共同生活的老年人每年给予2000至3000元的奖励。据统计,仅靠股份分红和养老金,蒋巷村的老人就可以达到全国农民人均收入水平,加上个人劳动所得,蒋巷村村民人均可支配收入达到60500元,远超全国居民人均可支配收入。

(二) 用"公寓+新村"的适老改造保障"老有所住"

1. 自建老年公寓"托底服务"

蒋巷村成立了老年协会,于2003年开始规划建造158套村级老年公寓。每套公寓60平方米,均为砖木结构的平房建筑,并按照三星级的标准配置家具家电,一次性完成了水、电、气和有线电视的入户,老年夫妻双方年满65岁就能免费申请,目前全村已有95%的老年人拎包入住。

2. 新村适老化改造提供"精细服务"

近年来,蒋巷村全面启动对新村内农民剧场、老年活动室、文体广场、健康小游园、文明实践站、城乡公交站等场所的适老化改造，极大地便利了村里老年人的出行，也方便老年人开展各种娱乐活动。

3. 完善基础设施建设

蒋巷村完成对全村 20 千米村庄道路的全面硬化和绿化，道路绿化覆盖率达到 50%，新村内、居住区、游览区管线全部入地，雨污分流入网，并在全村配套建设了 20 座公厕，厕内无障碍设施齐全。

（三）用"集中护理+家庭医生"的医养结合保障"老有所医"

1. 率先建立村级养老护理院实现"精心护理"

蒋巷村投资近 4000 万元建立了拥有 260 张床位的养老护理院，距离养老公寓不足百米，院内设有日间照料中心、康复室、食堂、阅览室、休息室等功能室，并配套了 6000 平方米绿化公园，康养环境舒适。与第三方合作单位德仁护理院开展深度合作，运用第三方专业的服务团队为村里老人开展精细服务。护理院不仅为老年人带来专业的疾病和康复治疗，还提供专业的生活护理服务。本村老年人入住享受优惠政策，不足部分由村集体财政进行补贴，现已有 40 位老年人入住护理院，村共补贴 14.16 万元。

2. 签约家庭医生实现"门口看病"

蒋巷村与市级医院挂钩，定期邀请专家下村为老年人义诊，鼓励老年人家庭，特别是有糖尿病、高血压等老年慢性病患者的家庭，与医生结对签约，使老年人在村内常年享受便捷的医疗卫生服务。

3. 村集体补助医疗费用实现"看病无忧"

蒋巷村村民的新型农村合作医疗保险除市、镇资助外，个人负担部分全部由村集体补助缴纳。全体村民实现了养老保险全覆盖，村民看病除享受合作医疗保险规定的医疗费报销外，村补助个人承担部分的 50% 至 60%，大大减轻了村民尤其是老年人的医疗负担，做到了"基本生活包，老残有依靠"，彻底解决了村民看病的后顾之忧。

（四）用"文明+文艺"的精神生活保障"老有所乐"

1. 树立既富"口袋"又富"脑袋"的文明乡风

蒋巷村充分利用新时代文明实践站，扩大社会主义核心价值观统领网络文化宣传的路径，建立读书俱乐部，为每家每户发放书橱和图书，为村民免费订阅《常熟日报》《苏州日报》《新华日报》《婚姻与家庭》等报纸杂志，每年举办家庭读书学习活动，广泛开展"爱党爱国爱家乡""三爱"教育培训班，引导群众正确、理性、全面地看待社会养老问题，鼓励老年人争做精神文明宣传义务员，为家乡代言，发挥余热。

2. 宣传政策法规

蒋巷村自费建立村级广播站，及时报道政府养老服务法律法规和政策，普及养老健康养生知识和防电信诈骗知识，正面宣传年度"自强养老之星""最美老年人""最美家庭"等自强养老和互助养老典型人物及事迹。

3. 组织文艺团队丰富老人的精神生活

老年人自发组织成立蒋巷村老年门球队并时常参与比赛，曾荣获常熟市第八届"辛庄杯"村级门球赛第四名。由退休文艺骨干牵头成立的常盛沪剧团，大部分成员为老年大学教师，先后排演了《江姐》《红灯记》及原创大型沪剧《常德盛》等剧目，在常熟、昆山、太仓、苏州、上海等地演出100多场次，获得观众的一致好评。

（五）用"种自留地＋精神传家"的自强养老保障"老有所为"

1. 为老年人提供村级岗位

蒋巷村在建设老年公寓之初，充分考虑到老年人对土地的需求，在老年公寓旁留下了18亩"自留地"，供老人闲暇之余种菜。为老人们提供绿化管理、清洁卫生等岗位，既解决了他们闲不住的问题，也让老人们通过劳动进一步提升价值感和幸福感。

2. "四员"定位鼓励老年人奋发有为

"家有一老，如有一宝"，考虑到江南农村地区的老年人往往对土地和子女有着特殊的深厚感情，蒋巷村围绕精神文明义务宣传员、传统教育讲解员、关心下一代工作辅导员、乡村治理监督员的"四员"定位鼓励老年人奋发有为，主动提升自己晚年的生活品质。

3. 倾听老年人声音

蒋巷村专门成立老年人议事会，村党委要求村级重大事情决策专门听取老年人议事会的意见建议，充分发挥老年人作用，努力实现"老有所为"的自强养老，鼓励多个家庭建立老年互助群体。

三、经验启示

（一）因地制宜重构家庭养老模式

农村地区应积极主动地重构家庭养老模式，重视和发展居家养老，引导村民牢记"老吾老以及人之老"的中华民族古训，在采取多种方式弘扬孝道文化的同时，鼓励发展以家庭为基础的各种养老服务形式，充分发挥家庭在老年人精神慰藉、临终关怀等方面不可替代的作用，鼓励多个家庭建立老年互助群体，支持老人发展自我互助服务，营造家庭、社区和社会互助养老的良好氛围。

（二）支持老年人发展自我互助服务

支持老年人发展自我互助服务，避免简单将老年人摆在被动接受服务的位置上，将"自立自强"的理念灌输到老年群体之中，使其主动提升自己的生活品质，有体面、有尊严地度过老年时光，在社会人际关系、传统文化传承和孙辈家庭教育中发挥更大作用，做到自强生活、安全养老、快乐养老。

（三）鼓励老年人展现自我价值

基于农村老年人热爱劳动的特点，因地制宜地为老年人提供村里绿化管理、清洁卫生等岗位，既解决他们闲不住的问题，也让老年人通过劳动进一步提升价值感和幸福感。蒋巷村在发展现代农业的同时，还让想种田的老年人承包了一部分农田，村里则提供现代化的农机、粮食烘干中心、销售渠道以及专业指导。

三区同行，五治融合，绘就美丽陈塘画卷

陈塘村紧紧围绕市委、市政府"六美集大美，建设更高品质的江南福地"和"美丽古里"三年行动计划，以实现"水韵陈塘，景美人和"为美好愿景，坚持党建引领，打造富有"人情味"的精细化管理模式，以"拆违清障"为先行军，以"千村美居"建设为助推器，以"长效管理"为指挥棒，以"社会治理"为试金石，成功推行"12345"乡村治理新模式，为全面深化"五治融合"的乡村治理新机制夯实了基础。

▶▶ 一、基本概况

陈塘村位于常熟市古里镇西北部，北濒常浒河，204国道新线穿村而过，水陆交通便捷，地理位置优越。陈塘村由原来的陈张、塘坊、东市梢、油麻泾、三官堂五村合并而成。全村总面积5.7平方千米，共有29个自然村庄，总户数1621户，常住人口9300人。陈塘村先后获评江苏省卫生村、江苏省生态村、江苏省健康村、苏州市建设社会主义新农村示范村、常熟市社会治理优秀基层单位、常熟市乡村振兴工作先进集体等荣誉称号。

二、主要做法和成效

（一）走好群众路线，探索社会治理崭新路径

陈塘村探索实施"全是好乡邻，有事好商量"协商议事法，构建以村党委为核心、党员带头、村民自治、乡贤助力、社会力量共同参与的"一核多元"长效管理机制。在持续推进"探索—总结—再提升"的过程中，提炼形成了"12345"乡村治理陈塘路径。

1. 设立试点区域

以"1个宅基"陈家段为试点，10名党员自告奋勇，带头包干所有公共区域的卫生保洁和绿化管护工作，村民包干宅前屋后的保洁工作，通过划分党员责任区，创立党员先锋岗，引导党员在长效管理中发挥示范带头作用。

2. 机制助力管理

"2项机制"包括推行"星级文明户"考核和"文明有礼"积分制，每月考核并张榜公布，使得村民与先进"攀比""较劲"。

3. 建立专业队伍

"3支队伍"包括村民议事会、"千村美居"行动支部和村民自治管理小组，它们发挥了至关重要的管理作用。推行"全是好乡邻，有事好商量"的协商议事法，真正做到了民事民议、民事民办、民事民决。

4. 规范村民行为

"4项约定"包括宅前屋后整齐摆放、生活垃圾分类管理、蔬菜畜禽规范种养、公共区域共同爱护的约定，在全体村民中达成共识并化作自觉行动。

5. 共护整治成果

"5大员"即设立民主议事"监督员"、乡村发展"参谋员"、矛盾纠纷"调解员"、社情民意"信息员"和乡风文明"传播员"，让村民成为社会治理的主角，真正形成"人可以改变环境，环境影响人"的良好局面。

（二）形成良性互动，汇聚社会治理重要力量

1. 积极搭建共建共治互动平台

陈塘村吸纳新乡贤成立议事会，汇聚力量，使得新乡贤在乡村振兴、社会治理、乡风文明等方面有效发挥"叠加效应"。新乡贤主动捐资120多万元参与到"千村美居"建设中，合力打造美丽宜居新家园。企业家捐资51

万元新建陈张红色乡邻先锋站和新时代文明实践站。在推行垃圾分类过程中,新乡贤主动捐赠分类垃圾桶分发给 54 户村民。

2. 主动参与村庄建设

在新乡贤的带动下,党员和村民主动捐赠路灯、健身器材、休闲座椅、古树名木等物件,自发参与村庄建设发展。同时,部分村民致富后主动捐款,为村庄建设贡献力量。

3. 积极参与乡村治理工作

在处理群众矛盾时,乡贤争当乡风文明传播员,主动化解矛盾,当好"老娘舅"。在参与乡村治理中,新乡贤建言献策、亲力亲为,当好"排头兵",形成"企业家主动捐资出力,新乡贤融入乡村治理"的良性互动效应。

(三)实施分类施策,实现村庄治理完美蝶变

1. 先行区带动

陈塘村有 29 个自然村庄,22 个已完成美丽乡村建设,陈家段作为社会治理的先行区,探索实施并成功推行了党建引领、村民自治的"12345"乡村治理陈塘路径,党员带头包干所有公共区域的卫生保洁和绿化管护工作,每家每户村民自觉承包宅前屋后的卫生保洁工作,实现了整个村庄长效管护的全覆盖。每个月的"星级文明户"评比并张榜公布,使得村民之间暗自较劲、相互媲美,为先行区的乡村治理不断注入新的动力。

2. 样板区引领

南小泾、张村和陈北等 3 个样板宅基发挥示范作用,引导村民爱护"千村美居"改造的成果,村民自治成为自觉行动,长效管理成效尤为明显,成为名副其实的"陈塘名片"。南小泾村庄建"美"之后,村民积极主动地整理宅基屋后。"星级文明户"评比和"文明有礼"积分奖励两项机制的落地,助推长效管理常态化落到实处,建成了美丽庭院、共享菜园和开心果园,营造了村民之间互帮互助的良好氛围。同时,在美丽庭院建设的示范带动下,村民宅前屋后种上了花花草草,对环境萌发的爱美之心也给整个村庄注入新的生机。

3. 改造区追赶

陈塘村对严家巷、毛家宅基和塘坊等 6 个宅基实施"千村美居"提升工程,通过环境美化全面提升村庄的颜值,通过融入历史人文元素促进乡风文明的再度提升,使之成为未来另一个样板区,从而真正实现从"片区美"到

"全域美"的完美蝶变。

三、经验启示

陈塘村在全面推进"五治融合"乡村治理进程中，用滴水穿石、奋勇争先的韧劲，打造了以点连成片的美丽乡村新图景，打造了"党建引领，五治融合"的乡村治理新模式，真正呈现了共建共治共享的美好景象。

（一）先锋领治，用心导航

村干部化身为"红色先锋"，开展先锋领治行动。对区域内的 29 个宅基明确实施分片包干负责制，即每位村干部领治 2—3 个村庄，每周至少 2 次对包干区域实地巡查；每个村庄物色和培养 1—2 名骨干党员和村民成为"海棠管家""宅基管家"，分片包干公共区域的卫生保洁工作，参与每月的长效管理考核、村庄的日常管护（特别是清理乱堆放等）和宅基地矛盾纠纷的调解等。"海棠管家"管"百家事"，"红色先锋"是"海棠管家"的领路人，"海棠管家"是"红色先锋"的好帮手，促使网格书记和党员之间的有效互动。陈塘村还试点推行人大代表下沉网格参与社会治理调研工作，形成"1＋1＞2"的乡村治理红色联盟。

（二）村民自治，春风化雨

村民自治是社会治理的主流，村民是社会治理的主角，村民议事会则是协商议事的良性互动平台，常态化实施"全是好乡邻，有事好商量"协商议事法，更是社会治理不可或缺的一部分。村民自治在陈塘蔚然成风，村民在意识层面上达成了共识，村民自治管理小组每个月对村民进行考核，并张榜公布考核结果，在每家每户门口设置"星级文明户"的挂牌，评比氛围的营造让村庄的长效管理加上了"双保险"。陈塘村用三年时间实现村民自治全覆盖，让保洁公司逐步退出舞台，让村民真正成为社会治理的主心骨。

（三）乡风德治，润物无声

在物质生活富足的大背景下，除了物质奖励外，村民更需要的是精神层面的满足。陈塘村设立"文明银行"，细化完善"文明银行"积分奖励措施，以积分量化村民善行义举，以"小积分"撬动"大治理"，激发村民的内生动力。同时，村委会每年对各宅基涌现出的新乡贤及先进带头人进行评比表彰，利用"七一"表彰大会等契机，宣扬和表彰一年来涌现出的治理能手和

"海棠管家";制作"闪亮的名字"等短视频巡回播放,以此激励和肯定村民的付出,带动吸引更多村民积极参与,最终形成全员参与、全面开花的可喜局面。

(四)履约法治,有效保障

陈塘村试点推行"村规民约履约评议制度",丰富并完善人居环境长效管理的"清单制"和"积分制",让村民行为有章可循,进而形成制度化、规范化、可复制、可推广的乡村治理模式。对村民的毁绿种菜等一些不文明行为及时制止,通过自治管理小组来督促村民改正,村民间形成了相互监督、相互促进的良好风气。

(五)数字智治,有力支撑

陈塘村打造"数字乡村"管理平台,推出微格治理、随手拍和家庭积分等管理模块,实现资源共享、精准即时、智慧管理、降本增效、公开透明、干群共治的治理新模式。"数字乡村"管理平台综合性地展示各项信息,使居民能随时随地了解相关资讯,参与基层治理,实现社会治理提质增效。

美丽庭院建设的李袁之路

李袁村紧扣乡村振兴发展要求,立足实际,依托丰富的自然生态资源和厚重的历史文化底蕴,全面推进美丽庭院建设,助力农村人居环境整治提升,强盛一域经济、美化一片环境、传承一脉文明、致富一方百姓,绘制青山常在、绿水长流、空气常新的美丽图景。

▶▶ 一、基本概况

李袁村位于常熟市碧溪街道西南,滨江临海,高架快速路、常浒路、浦江路穿村而过,水陆交通便利,地理位置优越。全村面积4.08平方千米,现有38个村民小组,户籍人口4376人,村党委下辖农、工、"两新"党支部16个,共有党员254名。依托良好的发展布局基础及深厚的文化历史底蕴,李袁村围绕"产业兴旺、生态宜居、乡风文明、治理有效、生活富裕"的发展总要求,把握美丽庭院建设重要环节,着力提升农村人居环境,在实践中不断探索美丽乡村建设之路。李袁村曾获国家森林乡村、中国楹联文化村、江苏省文明村、江苏省卫生村、江苏省生态村、江苏省社会主义新农村建设先进村、苏州市社会主义新农村建设示范村、苏州市先锋村、苏州市农村人居环境整治提升工作示范村、苏州市美丽庭院示范村等荣誉称号。

二、主要做法和成效

（一）从"院外"到"院内"，促进全面共建

1. 因地制宜整治环境

李袁村以原色提升生态环境、原态打造村落景观、原味传承乡村文明，以富有田园气息、蕴含乡土情怀为建设主基调，全方位提升院外环境。在"千村美居"建设中，李袁村结合村内自然肌理特征，秉持"惠民、有为、生态"建设宗旨，整治"脏、乱、差"，紧盯"拆、建、管"。通过清理区域水系、设置公共空间、规划修正居民出行道路和塑造特色景观等工作，在人居环境整治过程中，李袁村既保留了"乡愁"，又增添了"新意"。在基础设施建设方面，村里完成了村民生活污水接管处理和分散式处理。

2. 合理改造破旧厂房

李袁村通过改造南塘南岸"散乱污"厂房、回收利用村民破旧老宅、实施主干道路拓宽硬化等建设工程，打造李袁历史名人馆、新时代文明实践站等一批公共文化场馆，将田埂、村道、公共场所、水体等元素有机串联，以文化记忆勾勒水乡风情。

3. 景观塑造保留特色

在景观塑造方面，李袁村尽量保留古宅、古树、古井等环境要素，因地制宜打造生态廊架、休闲步道、健身小游园等设施，并充分利用清障过程中收集的青石板、坛罐、青砖、旧瓦片等具有地方特色的"老物件"镶嵌村庄特色景观，细心绘出"粉墙黛瓦，水墨江南"的乡村场景，整体环境得到大幅提升，村组公共区域和村民宅前屋后美丽整洁，夯实了美丽庭院建设基础，打造重点从院外引入院内。

（二）从"屋里"到"心中"，达成全员共识

1. 在弘扬传统中形成农村精神纽带

李袁村是中国楹联文化村，以独具特色的楹联文化而闻名。村里巧妙利

用自身文化优势打造"楹联+庭院建设"的创新载体,依托新时代文明实践,广泛征集家风家训楹联,邀请楹联爱好者和文化乡贤为家乡撰写楹联,将融入"美丽庭院"内容的楹联张贴在优秀家庭的大门上,赋予优秀文化新的生命,营造了良好的氛围。

2. 在推陈出新中赢得发展

李袁村巧借"线上+线下"同步宣传、"传统+新型"媒体共同发力,通过李袁历史名人馆、百姓参事议事厅等实体性文化空间和"法律服务组"民生微信群、"学习强国"交流群等虚拟文化空间,全面宣传美丽庭院建设,使人们在潜移默化中感受文化的力量,增进互惠合作,激起农村共同体意识,增强基层凝聚力。同时,李袁村依托常青藤艺术团、李袁志愿服务队、老年门球队等群众团体,开展各类接地气的宣传活动,进一步促进创建工作。

3. 在精准宣传中发挥妇女儿童力量

庭院管理的主体是家庭妇女,为使宣传效果最大化,李袁村用"三八"节活动、妇女微家活动、志愿者活动等契机培养种植习惯,营造比拼氛围。基于老龄化的社会背景,农村60周岁以上的老年人普遍占比很高,他们在庭院管理上往往并不擅长,但恰恰这个群体一般在家时间最长,庭院价值能得到最大限度的发挥。为此,李袁村从老人们的孙子、孙女入手,通过"七彩的夏日""缤纷的冬日"等活动带领青少年到村组参与种植培训、参观庭院等,通过他们影响家中老人,形成全员有意识、全员共参与的局面。

(三)从"示范"到"普及",实现全村覆盖

1. 坚持党建引领

李袁村通过党日活动、外出参观学习、学习强国学习平台等形式,激发党员美丽庭院建设主动性,并结合党员积分管理办法,加入美丽庭院建设评分,激励党员做榜样、作表率。每季度对党员进行积分公示,并将之作为"五事先锋"活动评比的重要参考数据。

2. 坚持评比考核

李袁村开展人居环境长效管理考核,将美丽庭院建设作为重点内容,提高分数占比,具体做法是推行"专项网格"管理新模式。全村在联动网格的基础上,划分为10个人居环境长效管理网格区域,形成联动"二级网格—三级网格—人居环境长效管理专属网格"三级机制,落实专人管理,做到"一网格一人管"。同时建立"村委会—网格长和党员村民代表—保洁、绿化公

司—保洁员、绿化工作者"阶梯式管理,及时处置村辖区内新增的脏点、乱点、难点,做到立整立改,决不拖延,对美丽庭院建设进行指导,增强村民建设信心。组织召开农村人居环境长效管理部署会,发布农村人居环境长效管理考核标准及村民自律约定,采取每月考核及积分管理办法,考评积分融入"文明有礼"积分平台,其中美丽庭院建设、垃圾分类管理占比逐年提高,以"小奖励"推进"大管理"。

3. 统筹村庄整体建设

在良好的软硬件条件下,李袁村的美丽庭院建设由单个村组的零星建设转变为全村全区域整村组建设。随着时间推移,美丽庭院建设逐步形成由"要村民建"到"村民自己要建"的良好氛围。对于长效管理的检查成绩,每月每户上墙公布,组团进行公示,不仅实现结果公开、公平、公正,也促使形成"熟人社会",建立村庄共同约定,形成奋勇争先、常态长效的良好局面。

▶▶ 三、经验启示

(一)环境美促进庭院美

李袁村围绕美丽庭院创建标准,动员广大村民积极参与"美丽庭院"创评活动,组织"互学、互鉴"交流评比,落实门前"三包",引导村民逐步改变生活陋习,美化家庭环境,共同扮靓美丽家园。

(二)文化优促进庭院美

李袁村根据家庭的文化特色开展美丽庭院创建活动,动员村民制作小微景观、绿化、盆景等错落有致,提升了庭院的外在"颜值"与内在"气质"。进一步激发村民建设美好乡村的热情,积极参与"洁美家园周周行""小手拉大手,清洁家园""巾帼志愿服务"等环境整治活动,以家庭"小美"汇聚村庄"大美"。

(三)乡风淳促进庭院美

李袁村积极打造美丽庭院建设示范点,以点带面地推进美丽乡村建设,深入开展"星级文明户""道德模范"等评选、推报、表彰活动,依托村规民约,引导村民提升文明意识,更好地助力人居环境发展。

发挥绿色产业优势，加快东盾经济提质增效

发挥绿色产业优势，加快东盾经济提质增效

东盾村紧紧围绕江苏省现代农业产业园建设，积极探索党建引领农业发展创新做法，推行"党建强社，合作富民"工作模式，创优为农服务项目，设立"新农"党组织——东盾蔬菜专业合作社党支部，以此不断发挥基层组织的堡垒作用、农村党员的带头作用以及党员干部的帮带作用，促进农业增效、农民增收，打造极具东盾特色的乡村振兴新格局。

▶▶ 一、基本概况

东盾村位于常熟市董浜镇江苏省农业产业园核心区域，东沿白茆塘，南倚里睦塘，江南公路支路穿村而过，虞东公路傍村而行，交通十分便利。2004年，东盾村由原横浦村和归市村合并而成，全村行政区域面积4.09平方千米，辖42个村民小组，共有耕地面积5094亩，其中农业规模化示范区约500亩。主导产业产值占全村农业总产值的63.67%，从事主导产业生产

经营活动的农户数占村农户总数的95.52%。随着信息时代以及现代化农业概念的逐步兴起，得益于良好的地理区位、传统种植优势的引导以及良好的信息互通机制，东盾村曹家桥蔬菜得以走出常熟，走向江苏。经过东盾村党总支的多年努力，东盾村获得了全国"一村一品"示范村镇、国家农民合作社示范社、全国乡村特色产业亿元村、江苏省为农服务社、江苏省"五好"农民专业合作社示范社、苏州市农民专业合作示范社、苏州市一星级农民专业合作社、苏州市"菜篮子"工程直供基地等荣誉称号。

▶▶ 二、主要做法和成效

（一）提升技术水平

1. 高质量发展蔬菜产业

东盾村的"新农"党建，让"家常菜"变成了"稀缺货"。通过发挥"新农"党组织作用，东盾村的这棵"大白菜"不仅捆得结实，而且卖了个好价格。东盾村做优做强曹家桥蔬菜品牌，探索出一条集约、绿色、安全的"蔬香东盾"高质量发展路子。

2. 合作研发蔬菜品种

南京农业大学（常熟）新农村发展研究院综合示范基地落户产业园，地处东盾村蔬菜产业核心区域。东盾村蔬菜专业合作社党支部与南农大研究院对接，结合本区域农业作物性状、农田土壤成分等地理和气候因素，依靠专家研发团队研发"徐市筒管玉丝瓜"等新品种。

3. 帮助农民掌握新技术

东盾村蔬菜专业合作社党支部以提高经济效益作为开展合作社党建工作的切入点，建立党员示范区、党员示范棚，开展技术培训、田间指导等一系列"党旗引领民富"先锋活动，致力于引领和带动非党员社员和周边群众共同发展，形成以点带面、囊括全村、辐射周边的优势产业带和区域布局。合作社党员示范种植新品种，其他农民也掌握了新技术，增加了收入。

（二）改善种植条件

1. 依托平台培育作物

考虑到新品种的育苗技术要求高、过程复杂，一般农民不具备物质、技术条件，东盾村蔬菜专业合作社党支部充分利用资源优势，依托董浜育苗中心，运用集成应用新技术对新品种作物进行提早栽培、低温处理等，包括品种提纯复壮、种植茬口优化、栽培新技术应用、采后处理技术等，在合适的苗龄提供给农民种植。

2. 制定产品生产标准

东盾村蔬菜专业合作社制定筒管玉丝瓜生产技术规程和产品标准，种植过程中严格遵守标准，发展绿色农产品，确保筒管玉丝瓜增产增效，从而解决了以前农民自己种自己育，出苗率低的问题，也在无形中节省了较多时间成本。

3. 提升绿色生态种植理念

随着绿色生态理念在人们心中逐步深化，越来越多的城市居民热衷于追求健康绿色的生活理念。曹家桥蔬菜符合绿色生态理念，因此带来了更多的市场需求，使得绿色生态的种植理念和种植技术让更多农户所掌握，达到了种、产、销的良性循环。

（三）拓宽销售渠道

1. 稳定蔬菜收购价格

东盾村蔬菜专业合作社由党支部牵头，投资 100 万元入股常客隆冷链物流配送中心工程项目建设，建成 850 立方米蔬菜冷藏库，配备 19 辆厢式冷藏物流车。依托曹家桥品牌产业带的建立，东盾村蔬菜专业合作社党支部牵头开拓市场，通过常客隆冷链物流配送中心实现了产销对接，直接把蔬菜配送到各个超市门店、企事业单位，走安全、优质、高端的配送模式。

2. 多种形式开展经营

东盾村蔬菜专业合作社党支部积极培育新型农业经营主体，鼓励和支持多种形式的规模经营。合作社走"大基地，小业主"的道路，牵头组建常熟市马大姐果蔬专业合作社，并引进了江苏惠健净菜配送销售有限公司。

3. 大力推广蔬菜品牌

东盾村蔬菜专业合作社大力推广徐市筒管玉丝瓜优良品系，执行生产技术规程，开发徐市筒管玉丝瓜系列加工产品，提高徐市筒管玉丝瓜的市场竞争力和效益。合作社还打破了外来蔬菜经纪人的垄断局面，解决了农民"卖菜难"的问题，有效提高了农民收入。

三、经验启示

（一）小平台、大服务，夯实产业发展基础

1. 强化党组织建设

东盾村党总支始终坚持党建引领基层社会治理，结合村情实际，创新党组织工作法，通过"定中心、强结点、织网络"，打造出一个统领基层社会治理的网络体系。以村党总支为核心，以行动支部为载体，通过建立党员中心户、划分责任区等措施，搭建起党组织和党员发挥作用的平台，攻坚重点难点任务和中心工作。在各项攻坚工作中，通过党组织引领和党员带头，打通联系服务群众的"最后一公里"，使村级各项工作的开展方向更遂民盼，推进过程更富民意，收获成效更具民心，形成共建共治共享的社会治理新格局。

2. 聚力产业创新

东盾村依托现有农业设施及发展目标，在江苏省现代农业产业园申报建设170亩绿色蔬菜高质量发展示范基地，探索特色农产品标准化种植、机械化生产、智能化管理，促进农业增效、农民增收。就设施配套而言，东盾村周边分布有董浜育苗中心、职业农民培训中心、智慧田园星创天地、曹家桥农机库、节水灌溉中心、冷链配送中心等农业设施。

3. 完善服务体系

东盾村主动融入政府搭建的种苗培育中心、农资配送中心、农机服务中心、冷链配送中心、农产品检测中心、职业农民培训中心等服务平台，形成覆盖产前、产中、产后的全方位服务体系。整合冷链物流配送中心、配送销售有限公司、蔬菜合作社等单位，发展蔬菜销售新兴模式。

（二）小基地、大市场，推动全产业链建设

1. 加强主体培育

东盾村依托国家级星创天地"董浜智慧田园"、曹家桥新型职业农民培训中心，培育市场化经营主体3家、职业蔬菜经纪人10人、新型职业农民21人。积极对接资源，成功引入惠健蔬菜加工配送龙头企业，入股常客隆冷链蔬菜加工龙头企业，壮大马大姐果蔬专业合作社等一批农民专业合作社和家庭农场，形成示范带动效应。

2. 提升溯源水平

东盾村加强种植全程动态监管，配合政府积极推广食用农产品合格证与农产品质量追溯码"证码合一"工作，农产品质量合格率常年保持在99.8%以上。

3. 深化产销对接

东盾村抢抓长三角一体化发展机遇，拓展上海、苏州等市场，积极发展订单农业，大力发展蔬菜冷链配送、加工、贮藏，实现"农超对接""农企对接""农校对接"。2021年，入股企业常客隆冷链物流配送中心实现配送额超2亿元，覆盖种植面积约3000亩，带动农户500多户。

（三）小产品、大品牌，培育发展现代农业

1. 依靠科技，发展现代农业

东盾村加快高新农业科技的引进和熟化，重点在蔬菜全程机械化技术示范推广、名特优新产品开发、标准化种植体系建立等方面寻求突破，促进农业科技成果转化。在技术攻坚上，加强同农业园区合作，进一步扩大徐市笛管玉丝瓜项目的示范种植，形成科学、成熟的数据，指导农户推广种植，通过提前20天上市和增加亩产量，提高农民收入。

2. 提质增效，发展高效农业

东盾村着力推进农业生产的规模化、产业化，按照"一村一品"的思路，以"董浜乡情十二品"为抓手，大力发展专业市场，推进农民专业合作，助推农业持续增效、农民稳定增收。强化水利建设，做好防洪抗灾、清沟防渍工作，注重改善农业生态环境，促进农业可持续发展。

3. 打破传统，发展特色农业

东盾村依托农村生产力的发展，积极引导产业融合，结合美丽乡村建设和三星级康居乡村建设，充分发掘农业观光和休闲功能，形成农业与服务业相配套的集农业旅游、观光、休闲于一体的特色农业发展之路。

多措并举，发展壮大坞坵集体经济

　　坞坵村多措并举，发展壮大村级集体经济，积极探索农村承包土地规模化、集约化经营和可持续发展新途径，提升现代农业发展水平；成立农业专业合作社，加快产业结构调整，提高农产品附加值；拓展特色品牌建设，打造"禾美坞坵"服务品牌，不断推动农业创新发展；创建特色田园乡村，促进多元业态融合，为率先实现农业农村现代化和乡村振兴贡献"坞坵智慧"。

▶▶ 一、基本概况

　　坞坵村位于常熟市古里镇东侧，因境内的坞坵山而得名，由原坞坵、童王、高西、沈闸、双庙五村经两次行政区域调整合并而成，东临练泾塘，西南与沙家浜镇常昆村接壤，北临白茆塘，苏嘉杭高速穿境而过，水陆交通方便。区域面积6.3平方千米，户籍人口3800多人，拥有耕地5200亩，主要产业为水稻、小麦种植。近年来，坞坵村积极打造"禾美坞坵"服务品牌，完善基础设施建设，实施集体规模经营，通过综合种养提高效益，探索农文旅融合发展之路，不断发展壮大村级集体经济。坞坵依托万亩优质稻米基地，大力发展"水稻+"产业，着力让"美丽资源"变成"美丽经济"，成为率先实现农业农村现代化和乡村振兴道路上的亮丽风景。

二、主要做法和成效

（一）由传统家庭农场向集体规模化转变

1. 不断升级规模经营组织体系

近年来，坞坵村积极探索农村承包土地规模化、集约化经营和可持续发展新途径，有效地提升了现代农业发展水平。2008年前，坞坵村是传统的小农经济种植模式，不利于提高土地产出率和农民收入。2008年，坞坵村在全市率先实行大规模的土地流转，组织发包大户种植管理，返还农户流转费。2009年，为了更好地实现农业规模化经营，坞坵村分别成立了坞坵米业、农地股份、农机、劳务等专业合作社，集体经营面积达1530亩。2014年，由村集体经济组织牵头，联合合作社、农户，成立常熟市坞坵村级合作农场，实现在更大规模和更高层次上的联合与合作，采取"基地+合作社+农户"的种植模式。从2020年起，坞坵合作农场对区域内的3800亩稻田进行集体统一经营管理，不再发包大户经营，而是采取统一品种、统一种植、统一植保、统一技术培训、统一收购和销售的经营体系。

2. 实行分区域包干的生产方式

坞坵合作农场采取分区域包干的方式从事生产经营活动，将3800亩种植面积分为10个区域，选聘10名具有丰富农业种植经验、责任心强、年龄不超过60周岁的合作农场成员担任区域生产管理者，平均每人承包管理300多亩土地，主要包干产量和田间生产管理费用：核定小麦产量为300千克/亩，水稻分种类及品种定单产，常规品种为525千克/亩，优质品种为500千克/亩；管理费用为每年每亩500元。同时，核定管理人员的基本报酬为每亩400元，如果产量超过考核标准，则有奖励。包干管理后，规定农业生产过程中的肥料、农药使用以及田间管理必须符合技术操作规程，由农业服务中心等技术部门对生产过程中的用药、用肥以及田间管理情况进行经常性的检查考核，确保农场的生产管理水平。

3. 采取绩效挂钩的考核办法

为充分激发和调动区域管理者的责任心、积极性和主动性，合作农场采取绩效挂钩的考核办法,将管理人员的报酬收入与农业生产效益相挂钩。按照农场核定的产量,对超产的区域管理者进行相应奖励;因责任心不强、管理不善等人为因素造成减产的,将视具体情况扣除管理费。同时,加强生产成本核算管理,凡购买生产资料均由村委会委派人员进行确认,年底统一核算生产成本。绩效挂钩的考核办法极大地调动了管理者的积极性,在较大程度上增加了管理者收入,据测算,管理者年收入均在15万元左右,而且其工作责任心得到进一步增强,为合作农场创收增效和持续发展发挥了重要作用。

(二)建立产加销一体化生产经营体系

为提高农场经营效益,延长农业产业链,合作农场在市、镇两级财政的支持下,购置了1套稻米加工设备,年加工能力达到2000吨,建成粮食仓储、晒场和生产用房面积5000平方米,拥有粮食烘干设备15台(套),初步形成了一个集产、加、销于一体的现代且高效的农业产业化经营实体。同时,积极培育农产品品牌,创建"坞圩""白禾"两个品牌,产品主要销往苏州及常熟本地。同时,成立实体化公司对优质大米以及米酒、米露、米糊等衍生产品进行市场化、品牌化开发运作,初步探索了一产和二产的有效融合。2021年,坞圩米业专业合作社稻麦种植销售收入达677万元,盈利194万元,大米销售收入达280万元,盈利120万元。

(三)向共同富裕迈进

1. 促进社会事业发展

2021年,坞圩村实现村级可支配收入1927万元,农民人均收入超4万元。已完成16个"千村美居宅基"、2个"三星级康居乡村"的创建和1个"江苏省特色田园乡村"的建设,所有道路全部硬化,村容村貌焕然一新。坞圩村股份经济合作社自2019年起,在全镇率先实现股份分红,2021年股金分配总额为101.7万元,户均达1067元。

2. 促进农民收入持续增长

随着合作农场经营效益的提高,不但农场务农人员的报酬有了明显增加,全村村民也增加了收入,得到了实惠。农户将土地流转给农场,除获得较高的土地流转费之外,年轻农民可以安心务工或从事其他经营增加收益,年龄较大的农民可以通过为农场务工实现增收。2021年,坞圩村向10位管理人员发放工资158万元,人均达15.8万元;发放临工费用70多万元。同时,集体每年返还村民流转费235万元，发放大米优惠券1000多张，重阳节、春节给老年人发放大米11800斤，让村民共享合作农场发展成果。

3. 促进现代农业建设步伐

农户承包耕地的有效聚集和连片规模经营，有效地促进了现代农业的发展。农业基础设施不断完善，初步形成了"田成方、渠成网、路成框、树成行"的标准农田。农机装备水平不断提高，合作农场基本实现了全程机械化操作，拥有插秧机34台，联合收割机7台，中型拖拉机5台，新型植保机1台，无人机1架，育秧流水线3条。农业科技不断进步，新品、优良品种种植率达到100%。合作农场实现了规模化经营、标准化生产、机械化耕作，提升了现代农业发展水平。

▶▶ 三、经验启示

（一）探索综合种养增效益

2016年，坞坵合作农场与苏州市农科院联合申报江苏现代农业科技综合示范基地，成功获得立项，基地核心面积达206亩。基地积极开展"水稻+N"生态综合种养模式，探索"稻+鸭""稻+（龙）虾""稻+（青）蛙"等"一田多获、一水多用"的种养共作路径，摸索经验。在此基础上，2018年又进一步扩大示范规模，拥有"稻+虾"140亩、"稻+蛙"10亩、"稻+鱼"15亩、"稻+鳖"15亩、"稻+鹅+澳龙"35亩，亩均效益达3000元。同时开始尝试有机水稻种植，示范面积260亩。2019年，新增"稻+淡水澳龙""稻+中华鳖"，"水稻+N"生态综合种养面积达到268亩，每亩土地增收5000余元。同时实现了"一地多用、一举多得、一季多收"的现代农业发展新模式，给坞坵村带来了"1+1>2"的生态效益。

（二）探索生态农业增效益

2020年，常熟市尚牧生态农业有限公司生猪养殖项目入驻坞坵村，双方合作开展"稻田+猪"的生态养猪项目。生态养猪可降低农作物种植成本，改良土壤结构，达到生态平衡，实现农业生产环境的良性循环。同时，生态养猪也可实现农业产业延伸，发展二、三产业，放大经济效益，实现产业融合，促进农业和农村经济的可持续发展。

（三）探索一二三产融合增效益

坞坵村进一步深化产业融合，突破传统农业的思维定式，结合省级特色田园乡村创建，利用举办 2021 年度常熟市农民丰收节开幕式的契机，投资 2000 多万元，成功打造坞坵"稻"乐园一期项目，观光成效显著；二期项目将逐步引入配套产业，努力实现生活生产、科普体验、旅游观光等乡村多元业态的有机融合，探索具有坞坵稻文化特色的农文旅综合体，形成有文化标识特色、有产业深度联动融合、农民获得合理收益的乡村旅游产业链。

农文旅跨界融合,跑出智林"加速度"

  智林村开拓思路,谋划创新,紧跟农村融合发展步伐,将农文旅产业融合发展作为发力点,积极推进"乐享田园,大美智林"苏州市特色康居示范区建设,依托常熟理工学院乡村振兴研究院董浜实践基地,与学院在农产品品牌营销、乡村艺术节、乡村文化艺术论坛等方面开展合作,建立产学研协同发展的长效机制,为培育乡村振兴人才、推进乡村振兴实践、推广乡村振兴经验开辟新路径。

▶▶ 一、基本概况

  智林村位于常熟市董浜镇西北部,因境内有千年古刹智林寺而得名,村域面积达5.12平方千米。智林村东临黄石村,南临杨塘村,西临周径村,北临陆市村,紧靠徐市集镇区,苏通大桥南接线穿村而过,交通十分便捷。由原智林、马楼、遥路三村合并组成,全村现有44个村民小组,户籍人口

4285 人，1206 户。智林村将农文旅产业融合发展作为发力点，积极推进"乐享田园，大美智林"苏州市特色康居示范区建设，大力发展高效农业产业，形成以"农"为主的产业集群带。通过近两年的建设，智林村建成了风光宜人、风情浓郁、风气文明的苏州市级美丽特色田园乡村，获评苏州市农业农村现代化先进集体，人居环境整治案例被评为 2021 年首批苏州市农村人居环境整治优秀案例。2022 年 2 月，"乐享田园，大美智林"特色康居示范区获评苏州市特色田园乡村，同年 7 月获批第九批次江苏省特色田园乡村。

▶▶ 二、主要做法和成效

（一）创新机制提效能，突出工作成效

1. 强化组织领导

智林村成立特色田园乡村建设工作领导小组，科学制定规划建设、生态环境、产业发展、文化建设、乡村治理、党建引领六大类规划方案，组建镇村两级工作专班和"钟情智林"行动支部，明确专人，落实建设责任，在做好现有资源梳理摸排的基础上开展项目建设，定期召开项目建设推进会，定期印发《特色田园乡村建设工作简报》通报建设进度，确保项目有序推进。

2. 规范项目建设

智林村强化项目实地勘察，严格落实乡村建设设计师负责制和驻村服务制度，严格执行"四议两公开"制度，制定项目实施监督管理制度，设立工程监督领导小组，鼓励村民参与项目建设，严格对照上级要求，整合财政资金及涉农资金，强化资金使用管理，专款专用，确保规范、高质量地完成项目。

3. 完善工作机制

智林村设立"一约两会三制五有"特色工作机制，通过制定村规民约，实施户代表会、村民理事会"1+1"会议模式，落实村民宅前屋后自主区包干责任制、长效管理考核积分制、村民志愿服务鼓励制，有效建立有制度、有队伍、有经费、有标准、有督查的"五有"常态长效特色田园建设机制，推动特色田园建设制度更完善、管理更有效、村民参与更充分，凝聚项目建设合力。

（二）特色产业鼓动能，激发农业活力

1. 突出农业生产带动

智林村以特色农业为驱动，深度激发村庄多维度发展活力。以国家地理标志农产品董浜黄金小玉米种植为引领，强化农民职业技能培训和土地流转，推动蔬菜、水果等其他农业规模化生产，做强集体经济。目前智林村全村共有1个农民专业合作社、2个家庭农场、8个种植大户、16亩联栋大棚、2架植保无人机、1台四足机器人及多台农用耕田机，流转土地面积500亩以上，村稳定性年收入790万元以上，实现了"农村美、农业强、农民富"的美好愿景。

2. 突出现代智慧培育

智林村积极发展董浜黄金小玉米特色地产农产品的生产与销售，引进本地龙头企业江苏惠健净菜配送销售有限公司，开展小玉米收购、加工、销售服务，村企联动做强特色种植产业。强化"互联网＋"模式使用，通过引入无人搬运小车、四足机器狗及气象、虫情、肥药监测等物联设备和数字园区线上平台等智能化软硬件设施，建设董浜镇黄金小玉米保育基地，打造智能化育苗管理、可视化田间监测管理、数字化追溯销售等产供销全流程数字化服务体系，特色农业产业持续壮大。目前小玉米种植面积超1000亩，实现亩均效益超5000元，带动种植户300余户。同时，建设200亩绿色蔬菜高质量发展示范基地，真正实现旱能灌、涝能排、农机到田头。示范基地主要种植地理标志农产品董浜黄金小玉米，进一步提升小玉米的产业化发展水平。

3. 打造特色田园路线

智林村深挖自然村组节点特色，融合廉洁、慈善、未成年人、水利等要素，丰富特色田园路线内涵。结合融入长三角一体化发展，深入对接天域生态环境股份有限公司等沪上资本，利用既有建筑更新改造，修建田园综合体百工坊一期工程5000多平方米，逐步引进科创、农创、文创、民宿、乡情十二品展示等新业态，以"乡村更新"和"众创入乡"等方式带动农业农村产业发展，提升乡村风貌、群众增收的同时，重点孵化、培养本地化乡土人才，助力打造具有董浜镇全域旅游特色的"农文旅IP"。

（三）耕读文化强内能，建设美丽田园

1. 资源新用彰显整合力

智林村积极调动、盘活村庄各类资源，特别是闲置农房、附房，以榆树、

桂树为"地标",打造充满传统江南风韵的钟家巷新时代文明实践站;引入社会资本进行运作,利用废旧厂房建设民宿、餐饮、文创、传统文化融合的乡野创E坊;合理改造传统建筑,建设园区接待中心,提供旅游服务,改造原有老旧建筑,建设智林村蒲场老年活动室,为老年村民提供便民服务,丰富老年人的日常生活,为智林旅游文化、耕读文化、生活文化增添色彩。

2. 景观重塑提升吸引力

智林村充分用好村民自家庭院和宅前屋后空间,结合美丽庭院建设等,创新"四小园"(小菜园、小果园、小游园、小花园)模式,重塑乡村景观,打造个性化田园风光,建成常熟市级1户、镇级1户、村级100多户"十佳美丽庭院"。灵活运用卵石、细砂等乡土材料,农房翻建中遗留的旧砖、农具等器具,以及太阳能等现代化设施,开展民居改造和公共空间搭建。充分利用宅旁、路旁、庭院等场所,采用本地农作物及瓜果蔬菜,形成可食蔬菜地景。在村口标识、村内小道等公共节点的设计改造过程中,广泛运用各类老旧物件和闲置物件,巧妙宣传智林文化。

3. 传统再造增强传播力

智林村充分利用徐市灯谜等本地非物质文化遗产,打造具有智林特色的"耕读"文化品牌。依托首届农文旅节举办大地艺术展,营造浓厚文化氛围。在钟家巷新时代文明实践站内设置"智林灯谜小课堂",围绕重大节庆日,举办不同规模的灯谜展猜活动,丰富人民群众的节日文化生活,有效保护、传承非物质文化遗产。对村原有民间信仰点将军庙进行修缮改造,积极引导村民文明敬香、文明祭祀,合理保护特有民俗文化和传统乡情。

▶▶ 三、经验启示

(一)坚持规划引领,树立全域发展意识

智林村牢固树立全域规划、全域旅游意识,坚持科学规划,引领农文旅融合发展,有效推进乡村振兴。成立特色田园乡村建设工作领导小组和党支部,科学规划发展,从建设、生态环境、产业发展、文化建设、乡村治理、党建引领六大类规划方案出发,多维度、多角度地做好特色田园的规划工作。

(二)提质升级农业,延伸特色产业链条

智林村加强服务供给,做好精品文旅输出工作。加快推进文旅供给侧结构性改革，推出一批文化作品，打造一批文化旅游产品。认真抓好特色田园内的节点提升，引进多元经营主体，发展多元业态。在推介好智林村自然风貌的同时，做深、做细智林村农产品研发，打造"婆婆炒货""智林草莓"等特色品牌，不断满足市场需求，实现农户增收。

（三）提高人才供给，构建人才良好生态

人才是农文旅融合发展的关键因素，农文旅发展需要复合型人才，他们既要掌握农业、旅游等多领域知识，又要熟悉生产经营、市场营销等环节。智林村与高校携手合作，以建设产业学院为抓手，构建符合农文旅融合发展需求的专业群。在新农人、乡村创客等的带动下，智林村引入更多的数字化技术、创新思维等，让村民成为农文旅融合发展的主体，激发融合发展的新活力。

创新金溪发展模式,壮大集体经济实力

金溪农村经济发展有限公司坚持党建引领乡村振兴,拓宽思路、大胆创新,坚持"项目为王、实干为先",全力以赴发展壮大村级集体经济,创新村集体经济融合发展模式,以村级抱团项目为核心,采用"土地+资金"和"弱村+强村"的组合,完善集体经济的"造血"能力,探索实践产业带动、村村联动、项目开发等村级集体经济发展的新思路与新办法,确保村级集体经济稳固发展。

▶▶ 一、基本概况

金溪农村经济发展有限公司位于太仓市沙溪镇,成立于2012年6月。公司由全镇20个村村民委员会共同出资,组建村级抱团发展平台,通过整合资产、资源、资金,有效促进村级经济均衡发展。公司注册资本3000万元人民币,2021年注册资本变更为2亿元。2012年6月,公司出资900万元在沙溪镇新材料产业园回购 45 亩工业用地，其中车间用房 2453 平方米，三层办公大楼 930 平方米。2014 年，公司对这些用地进行整体开发，工程投资 1897 万元，建造标准厂房及仓库用房等共计 13185 平方米，于 2015 年 6 月至 10 月相继完成基建工程。公司根据农村集体资产交易规则和租赁事项的约定，进行网上公开招标，同年 10 月正式与企业签订租赁合同。公司采用村集体经济融合发展模式，打破区域界限，创新发展理念，依托区位优势，通过购买资产、共建园区等多种方式发展"飞地"经济，实现利益共享、多方共赢。

二、主要做法和成效

（一）勇立潮头抢机遇，抱团发展创增收

生物医药产业是苏州市大力发展的战略性新兴产业，太仓市委、市政府于 2012 年 2 月在沙溪镇设立太仓市生物医药产业园，园区规划面积 6 平方千米，重点发展生物制药、医疗器械和医药服务外包三大产业，目标是打造临沪生物医药产业集聚区和长三角生物医药国际产业社区。

生物医药产业园的产业集聚发展与村村抱团的融合发展紧密相关。在政府和有关部门的引导与支持下，为促进这一抱团发展平台最大限度地获得资产增值，公司于 2014 年进行一期项目整体开发，在沙溪镇新材料产业园陶湾中心路建设 5 幢共 14868 平方米的标准厂房，公司总投入 2800 余万元。同年 10 月，公司正式与四家企业签订租赁合同。至 2022 年 4 月，一期项目年租金达到 546 万元左右，保障了抱团发展项目的资产增值，且收益稳定，公司每年定期按 20 个行政村投资额的 10% 进行分配，促进集体增收。

2017 年，公司把握沙溪镇创建生物医药特色小镇的机遇，以 250 万元的价格拍得生物医药产业园位于梦溪路西侧的 15 亩工业用地，并先后吸收了三个薄弱村的帮扶资金共计 1810 万元，总投资 2900 余万元建设生物医药配套载体 8400 平方米，于 2019 年 9 月竣工投用。利用生物医药产业园的区位优势，吸引赛业（苏州）生物科技有限公司、斯贝福（苏州）生物技术有限公司等优质企业入驻，公司当年收入租金 300 万元。按照薄弱村有帮扶项目资金投资的协议，2020 年度公司对三个薄弱村进行收入分配，其中虹桥村 63.2 万元，项桥村 36.4 万元，泥桥村 45.2 万元，将"输血"发展变为"造血"发展，确保了村级集体经济的长久收益。

（二）乘势而上觅商机，锚定需求优结构

随着生物医药产业园的快速发展，园区吸引了包括昭衍（苏州）新药研究中心有限公司、信立泰（苏州）药业有限公司等百余家知名生物医药企业入驻，引进了包括国家级人才、省"双创"人才等高精尖人才近百人。高端人才与企业员工人数激增，随之而来的是对周边配套设施需求的提高，多元化的生活性公共设施和服务配套亟待开发，打造具有园区特色的生态宜居环境成为园区发展的迫切需要。

金溪农村经济发展有限公司瞄准这一现实发展需求，于2020年11月以3300万元的价格竞得沙溪镇新材料产业园38亩商服用地，地块处于两个工业园的中心地带，毗邻沈海高速沙溪出口，地理位置优越，交通便利。经调研，两个园区有企业300余家，拥有员工1万余人，园区对员工集宿楼、公寓、酒店、商超等配套设施有很大需求，同时对医疗、教育、休闲娱乐等丰富的生活资源有一定的需求量。经全体股东大会表决通过，公司拟在该地块上建设"金溪服务型公寓"项目。项目在做大做强抱团发展平台的同时，弥补了园区及周边村庄配套设施不齐全的短板，也为当前国土空间全域整治和违法建设治理工作提供了相应保障。

项目占地面积25668.8平方米，以集宿楼、人才公寓、商业及科创载体并配以5G智慧家园管理系统为开发建设目标，规划新建集宿楼6幢、公寓房1176余套、商业及科创载体综合楼1幢。项目总建筑面积104700平方米，其中服务型公寓63615平方米，配套用房1196平方米，商业及科创载体11556平方米，地下车库及人防面积25158平方米。该项目实施后，预计年租金达3000万元左右，在不断提高村集体经济收益的同时，也为沙溪镇产业发展提供优质服务。

除了做好两个园区的物业服务外，金溪农村经济发展有限公司还积极探索村级经济新模式。2021年，沙溪镇二十村通过公司投资聪明制药项目，通过借款及入股方式帮助聪明制药完成首轮融资，项目将保证各村8%的保底收益加剩余投资收益。

（三）筑巢引凤添动力，聚才引智谱新篇

涂松村老工业区占地面积共62.78亩，入驻企业15家，基本集中在化纤、塑料、服装加工等行业，由于前期工业区建设缺乏科学统一的规划，产

业布局相对分散，多数企业单兵作战，产品雷同，企业协作能力不强，集群效应难以充分发挥。此外，老旧工业园区的环保、安全生产问题隐患较多。沙溪镇结合工业区规划，通过金溪农村经济发展有限公司抱团发展平台和"退二优二"政策，对该工业区"腾笼换鸟"，在地理优势地段建设新兴产业工业园。目前该工业园已完成前期拆除工作，将新建建筑面积超 15 万平方米的多层厂房，总投资约 5 亿元。金溪农村经济发展有限公司采取抱团融合发展的创新模式，做大做强发展平台，有效拓宽村级经济增收渠道，完善集体经济"造血"功能，更好助推乡村振兴战略深入实施。

三、经验启示

（一）上下呼应，发展镇村联合抱团项目

镇级联合抱团发展是政府自上而下和经济相对薄弱村自下而上的相互呼应，只有通过市场化的运作和集体资产的股权化才能够使生产要素在区域内得到最优配置，这是联合抱团项目得以可持续发展的关键。只有将股权设置向经济相对薄弱村适当倾斜，才能保障经济相对薄弱村的权益，带动其共同发展。

（二）发挥优势，因地制宜发挥本地产业优势

企业在带动经济相对薄弱村的产业发展时，要发挥自身技术、资金、人才和市场优势，通过延伸农业生产链来促进农业产业化生产，从而带动经济相对薄弱村的产业建设。同时，要注意发挥企业和村庄优势，因地制宜发展适宜本村的产业，加强企业和村庄的利益联结关系。

（三）公众参与，激发薄弱村的内生发展动力

公众参与是村庄内生发展的基石，村民和村集体是内生发展的主体。建立村民基层合作组织，带动村民参与村庄的决策和建设是极其重要的。要充分将上层政府的政策和财政支持、企业的技术和资金支持，转变为促进村庄内生发展的推力。此外，在外力推动和激发经济相对薄弱村的内生发展动力的过程中，要确保村庄的主导地位不变。

发展特色农业，建设美丽孟河

　　孟河村立足根本，打基础、创特色，全力打造农文旅融合项目，充分发挥品牌效应；推进国土空间全域整治，打造特色康居乡村，建设美丽家园；弘扬家国文化、贤德文化、文明乡风，传承乡土文明，留住乡愁记忆。在村党委和全体村民的共同努力下，孟河村乡村振兴成效显著，人民富裕成果累累。

▶▶ 一、基本概况

　　孟河村位于太仓市东北部、璜泾镇中西部，由原先的孟河、包桥、建华、伍胥四个自然村合并而成。孟河村绿树成荫，阡陌纵横，有良田美池桑竹之属，农户枕河而居，以水秀树古、民风优良等为特色。全村区域面积7.8平方千米，其中耕地面积近5000亩，下辖52个村民小组，农户998户，常住人口3300多人，党员191人。近年来，孟河村在上级党委政府的正确领导下,在上级有关部门的关心指导下,以党建为引领,以建设美丽乡村为抓手,加快推进乡村振兴。孟河村获评江苏省文明村、江苏省休闲观光农业示范村、江苏省三星级乡村旅游区、全国休闲农业与乡村旅游三星级单位等荣誉称号。

二、主要做法和成效

(一) 立足根本,打好农业基础

1. 巩固农业基础

孟河村是一个以农业为主的村落,是璜泾大米的优质产区。村域耕地近5000亩,其中流转到村的耕地近4000亩,占比80%。近年来,孟河村建设高标准农田,建设农机库房、育秧大棚、蔬菜基地等,购买插秧机、收割机等农机30台(套),不断提升农业机械化水平。孟河村专门成立了合作农场,有效经营管理流转土地,通过"大承包,小包干"形式委托人员种植管理。农场自主经营稻麦3100亩,菜篮子基地种植蔬菜面积130亩,林果及露地蔬菜种植面积300亩,每年可为村集体带来100多万元收入。

2. 发展特色农业

孟河村响应"一村一品"发展要求,在菜篮子基地、育秧基地种植特色蔬果,以葡萄、草莓、西瓜、翠冠梨、黄桃等农副产品为主力,打造"梦里果香"农副产品品牌,通过农旅融合发展,在吴家湾建立农产品销售点,吸引游客进行实地购买及入棚采摘。用种植生态化、管理精细化、包装精美化等理念提升农产品品质和附加值,结合电商平台进行多渠道销售,打造良好口碑,完成农产品的升级转型。与苏州园林集团结对共建,由苏州园林集团派驻第一书记,并指导、教授绣球花种植技术,成苗后由园林集团统一收购,解决了村民种植技术不高的难题,解除了销售的后顾之忧。2021年试点种植1万株,预计可为村集体带来近5万元的纯收入。

(二) 转型升级,打造宜居生态

1. 推进国土空间全域整治

为了节约土地资源,推动高质量发展,孟河村近年来开展了国土空间全域整治工作,拆除企业60多家、面积15多万平方米,土地复耕面积200多亩,村域内的所有小微企业已经完全拆除;大力开展人棚混居、"小散乱污"整治,拆除人棚混居点80多处,通过整治,增加村级土地流转500多亩;拆除村民群众反映强烈、污染严重的奶牛场 2 处,做好土地还原复耕,恢复生态面貌。通过近年来的努力,孟河村实现了以农业为主、小微企业相辅的村庄空间结构向农旅融合、绿色生态、宜居美丽乡村的蝶变。

2. 打造特色康居乡村

孟河村开展特色康居乡村建设,借力美丽乡村、康居乡村建设项目的推进和实施,全村建设美丽乡村示范点 2 个、苏州特色康居乡村 9 个,覆盖全村 35 个组,惠及农户近 600 多户。通过提升村庄道路基础设施,改善河道周边环境,整治各处卫生死角,完善村庄配套设施,孟河村进一步提升了整体环境面貌,让村民收获满满的幸福感。孟河村委托第三方专业的保洁公司,聘用了 35 位专业保洁人员,着力改善公共环境卫生,提升村域环境品质。

(三)传承文化,弘扬文明乡风

1. 弘扬家国文化

孟河村建立新时代文明实践站,把爱国爱村爱家作为文明实践的主要内容,培育和践行社会主义核心价值观。国庆期间,组织党员干部走进学校、走上街头,开展"唱响爱国情,我们都是追梦人"系列活动,表达爱国情怀。每月组织村"两委"和党员一同开展村庄清洁行动,共建美丽家园。组织开展文明家庭、美丽庭院评选活动,每年评选 100 户美丽庭院户。

2. 打造贤德文化

孟河村传承和弘扬伍子胥的"贤德"品质,打造孟河"贤德"文化。建立乡风文明岗,设立村务协助、文体宣传、环境卫生、邻里互助、扶贫帮困等岗位,涌现出管理好帮手葛建芳、公益热心人宣世昌、文化引领者张萍等一大批贤德党员先锋标杆,为乡村振兴注入新动能。成立文明家庭、美丽庭院评选评议团,由 8 名德高望重的党员群众组成,共同对文明家庭、美丽庭院评选工作进行审议,激发乡风文明"自觉参与"的内生力、"众人拾柴"的向心力。

3. 传承传统文化

孟河村以弘扬中华优秀传统文化为落脚点,利用春节、元宵、清明、端午、七夕、中秋、重阳等传统节日和现代重要节庆日、纪念日,充分挖掘本乡本土的历史文化资源,精心设计富有文化内涵和群众效应的活动方案,开展群众性纪念活动和民俗娱乐活动,留住乡愁记忆。

（四）农文旅融合，走可持续发展之路

1. 推动农文旅融合

孟河村构建农村一二三产业融合发展体系，推动"幸运花海吴家湾"农旅融合项目建设。幸运花海吴家湾建有格桑花海、马鞭草园、向日葵园等四季花园，设有爬山虎酒吧、集装箱休闲街、陌上茶室、玖玖家餐厅、水上木屋民宿等农旅配套项目，是集旅游、休闲、娱乐、文化于一体的综合农旅项目，承接了太仓旅游节开幕式、迷你马拉松、桂花节、电竞赛、篝火晚会等多项大型活动，2017—2021 年接待游客约 50 万人次。项目带动了周边 30 多名年纪较大的村民从事绿化养护、餐饮服务、卫生保洁等工作，村民年人均增收近万元，富民效益集聚。

2. 融入红色研学

为充分发挥现有农文旅资源优势，孟河村紧紧围绕"农旅＋研学＋体育＋文化"融合发展目标，全面融入田园乡愁元素，从农旅产业化、品牌化、规模化和常态化运营的角度出发，与中国关工委健体中心合作推进以红色研学为主题的吴家湾多元化综合旅游基地建设，同时辐射太仓杨漕、雅鹿片区红色教学基地和上海、苏州、南通等周边城市，全力打造全国中小学研学旅行试点样板。项目争创全国红色基因研学基地示范区、江苏省著名研学旅行基地、苏州市研学旅行必选地，积极打造红色研学品牌，加快红色文创体验产品开发，建设（太仓）红色基因研学基地、太仓吴家湾夏（冬）令营基地、太仓吴家湾振兴乡村农旅基地。

▶▶ 三、经验启示

（一）党建为引领

孟河村通过强化问题导向，加强政策引导，创新管理模式，完善服务体系，加大农旅设施的配套土地资源、餐饮民宿经营管理等方面的政策扶持。村"两委"、村干部更要率先行动起来，积极发挥带头作用，提升基础设施建设，改善周边人居环境，推动农旅项目落地生根，为农文旅融合发展创造良好的外部环境。

（二）产业是基础

孟河村找准定位，找到了本村特色发展产业，从最简单的农旅项目做起，

如农家乐、美食、民宿等,再逐步升级,有序发展。坚持不断创新产业形态,在夯实的农文旅产业基础上再开发、创新、打造特色项目。注重选择专业农旅项目管理团队,打响农旅品牌,有效推动农文旅项目的可持续性发展。

(三) 人才是关键

孟河村注重搭建创新创业平台,创造更多就业岗位。重视吸引乡土人才回乡创业,形成人才集聚效应,带动周边村民劳动创收。注重在各类新型农业经营主体和乡土人才中发展党员,让党组织的战斗堡垒作用和党员的先锋模范作用在产业链条上不断放大,切实推动农文旅产业融合、深入发展。

生态循环农业助力绿色东林高质量发展

东林村坚持以粮食为主导的全产业链开发思路，依托先进技术与装备，发展农牧循环产业，充分发挥农村集体经济组织作用，促进三产融合，选择生态优先、绿色发展的生态循环农业道路，以集体经济组织为主导，统一经营集体土地，创建各类村办企业，拓宽村民收入渠道，实现了富民强村强基，有力推动东林村高质量发展。

▶▶ 一、基本概况

东林村位于太仓市城区北端，辖区面积 7 平方千米，耕地面积 4400 亩，下辖 42 个村民小组，全村农户 768 户，常住人口 3814 人。东林村党委下设 5 个党支部，有党员 173 名。2021 年，村级总资产近 3 亿元，村集体可支配收入 3100 万元，农民人均纯收入 4.5 万元。近年来，东林村获得全国绿色生态产业化示范单位、国家森林乡村、江苏省文明村、江苏省最具魅力休闲乡村、江苏省卫生村、江苏省生态村等荣誉。

二、主要做法和成效

（一）先行者定方圆，扎牢产业发展"大本营"

1. 规划高标准农田

东林村抓住金仓湖片区开发城乡一体化发展机遇，推进工业片区向开发区集中，率先实现了"三集中"（农民居住向社区集中，工业企业向园区集中，农业用地向规模经营集中）、"三置换"（集体资产所有权置换成股份合作社股权，土地经营承包权置换成城镇保障，农村宅基地及住房置换成城镇或农村新型社区住房），建成东林联发产业园，村集体经济年租金收入约为1000万元。推进农田向合作农场集中，通过机械平整和合理规划，将小田块整理成大田地，建成高标准农田。

2. 实现村民全体持股

东林村推进农民居住向小区集中，建成东林佳苑农民集中居住小区。以土地承包权置换15年社保，农民实现了社会保障。以自建房等面积置换商品房。村集体资产量化成村民股份，由全体村民持股，产业发展方向由村党委把握，通过股份分红，村民共享集体经济收益。

3. 解决就业问题

东林合作农场通过产业的多元化发展，帮助本村农民农业就业，实施产量超奖减罚、成本节奖超罚，农场务农人员平均年收入达到5万~6万元。在循环农业产业链的各个环节，东林村成立了劳务合作社等13个农业经营主体，解决了450多人的就业问题，每年发放工资额超1500万元。

（二）智慧者稳根基，发展主体产业"大亮点"

1. 推进高标准农田建设

东林村在城乡一体化、农民集中居住的基础上全面推进高标准农田建设，于2012年建成高标准农田1000亩，村农场经营的2200亩水稻实现高标准农田全覆盖。通过高标准农田改造，区域内种粮面积比建设前增加400亩。针对原高标准农田田块过小，不适应大马力机械作业的现状，东林村对高标准农田提档升级，改小田块为大田块，提高机械作业效率。改建智能化管道灌溉设施，使农田基础设施更适应粮食生产精准化要求。

2. 推进优质稻米产业化

东林农场在组建之初就确立了优质稻米产业化开发目标，水稻选择了省农科院的南粳46优质食味品种，小麦品种由扬麦16逐步更新至扬麦25。率先探索水稻工厂化育秧，全程机械化生产，小麦生产采用机械化条播，全程机械化管理。在太仓率先建设粮食烘干中心，基本实现稻麦生产全程机械化。

3. 推进粮食生产机械化

东林农机合作社在农机购机补贴、农机社会化服务政策的扶持下，先后购置大马力拖拉机、联合收割机、高地隙植保机、施肥机、秸秆收集打捆机、粮食烘干机、激光平整机、田埂修筑机等机具100余台（套），建设农机库房2000余平方米，在满足农场自身粮食生产全程机械化的基础上，秸秆收集服务能力达到4万亩左右。近几年来，东林农场的2200亩耕地全部种植稻麦粮食，水稻单产稳定在每亩675千克左右，小麦单产稳定在每亩400千克左右，优质稻麦生产区域超过了吨粮田标准。与建设之初相比，农场的粮食生产面积、总产、单产均得到大幅度提升。

（三）创新力促升级，融合二三产业"新突破"

东林村农业产业发展始终坚持以粮食为主导的全产业链开发思路。一是在实现粮食生产机械化的基础上，建设了日加工能力40吨的东林米厂，并为大米增加富硒功能，主打金仓湖富硒大米品牌，形成了优质稻米产业链。二是围绕秸秆资源化利用，于2015年探索开展了秸秆机械化收集，实现了秸秆饲料工厂化生产，建成了年产6万吨秸秆饲料的秸秆饲料厂，对接省内外牛羊规模养殖主体，形成了秸秆饲料化产业链。三是依托自制秸秆饲料的有利条件，建设存栏规模4500头的肉羊规模养殖场，同步建设年屠宰能力20万头的肉羊屠宰场，形成了优质羊肉产业链。四是大力开展农场区域内的生态环境改造，依托优美的田园风貌，在高标准农田建设过程中嵌入5.38千米的田园游道、春夏秋冬四个驿站、120亩的采摘果园，建成味稻公园和5.3千米的轨道小火车游览线，形成了集农事体验、观光采摘于一体的休闲农业产业链。五是依托东林现代化农业文化内涵，建成循环农业展示厅和乡村振兴实践学院，对接浦东干部学院、苏州干部学院等培训院校，向市内外"三农"基层干部和农民开展现代农业技术培训，形成了研学科普产业链。下一步，东林村将依托东林循环农业特色，加快日产200吨的芽苗菜项目建设，深化年供应3000吨的功能大米产品开发，探索1.2千米的水系治理和水景观产业开发，进一步做大农场经济体量，做深生态文章，围绕 2025 年村可支配收入达到 5000 万元的目标，形成更高层次的农文旅发展格局。

三、经验启示

（一）依托先进技术与装备，实施农牧循环

1. 秸秆饲料化

在解决秸秆收集难的基础上，东林村投资 4500 万建成秸秆饲料厂，拥有搂草、打捆、包膜机组成的秸秆打包设备 10 台（套），稻麦秸秆收储能力年均达 6 万亩，又引进 2 套德国饲料生产设备，年产秸秆饲料 3 万吨。依托省农科院专家团队，改进饲料配方、优化生产工艺，实现秸秆饲料规模化、现代化生产，产品销往全国各大养殖企业。

2. 肉羊养殖生态化

东林村组建生态养殖专业合作社，投入 1000 多万元，建设占地面积 50 亩的生态养羊场，年出栏肉羊 4500 头左右。依托省农科院畜牧所，考察国内外草饲动物先进的养殖方式，着力构建符合本区域的肉羊品种生态化、集约化养殖方式，成功探索出稻麦秸秆饲喂、生产高品质肉羊产品的产业模式。

3. 养殖废弃物肥料化

围绕全量消纳生态养羊场羊粪的目标，东林农场投资 300 余万元，建成占地面积 4000 平方米、年处理羊粪 2000 吨的有机肥厂，并引进 1 套罐式发酵设备。引进多种高效率有机肥撒肥机，组建有机肥施肥专业服务队伍，在自有农场用有机肥替代化肥，加价收购施用有机肥的优质稻米。

4. 粮食生产全程机械化和农业装备智能化

东林村拥有各类农业机械设备 100 多套，实现耕地、育秧、插秧、灌溉、施肥、植保、收割、烘干、大米加工、包装、冷藏保鲜等全程机械化。同时集中开展高标准农田建设，使整个区域的农业基础设施与机械化生产相匹配。以信息技术、机械技术、物联网技术和大数据技术为基础，实现农业机械智慧化升级，缓解"无人种地"矛盾，解决农业劳动监督难题，实现农业提质增效。目前，东林村 2200 亩土地的种植管理工作仅需 9 人即可完成，人均管理面积达 244 亩。

(二) 有效实现农业三产融合发展

1. 农业生产与加工一体

东林村在发展生态循环农业的基础上,大力发展农产品深加工。近年来,东林村先后创办金仓湖米业公司、金仓湖食品有限公司、芽苗菜生产基地等。金仓湖米业公司引进先进的大米加工设备,具备年产1.2万吨大米的加工能力,创立"金仓湖"品牌系列大米;金仓湖食品有限公司采用国内先进的生产设备与技术,建成肉羊屠宰及冷藏、深加工食品项目,每年可向社会提供优质羊肉1180吨,各种优质羊肉制品200吨;芽苗菜生产基地日产绿豆芽、黄豆芽等各种芽苗类蔬菜250~300吨。

2. 农业与文旅结合

东林村依托农业生态资源与农耕文化,发展乡村旅游业,发挥农业文化传承职能,提升农业附加价值。秉持"农田变景区,田园变公园"的发展理念,全力打造太仓首个农民公园——味稻公园;重点推进"田园新干线"工程,将观光点串珠成链,打造东林特色壹号列车田园新干线;依托宋云山历史典故与金仓湖米业公司打造云山米都;以豆芽产业为基础打造绿色研学萌芽工坊;建有以循环农业展示厅等为现场教育基地的培训中心,承担太仓市乡村振兴实践学院的运营和培训任务;实施东林村史馆改造工程。每年有十多万游客前来东林休闲、参观、旅游。

(三) 充分发挥农村集体经济组织作用

1. 发挥乡村发展带头人的引领作用

东林村党委书记、村委会主任苏齐芳30多年如一日,不忘初心、牢记使命,汇集东林村党员同志和村民的智慧与力量,解放思想、创新创业、开拓进取,把东林村由一个经济薄弱村打造为经济富裕村。东林村抓住几次重大机遇,选择了生态优先、绿色发展的生态循环农业道路,以集体经济组织为主导,统一经营集体土地,创建各类村办企业,拓展村民收入渠道,实现了富民强村强基。

2. 各实体独立运行,单独核算

东林村各经济实体都独立运行,单独核算,避免了经济效益不清、激励不足的问题。如农机合作社将秸秆按照市场价格卖给饲料厂,饲料厂将秸秆饲料按照市场价格销售给羊场,羊场的有机肥售卖给果园、合作农场。

3. 集体控股，加强各方合作

东林村成立集体控股的苏州金仓湖农业科技股份有限公司，将村里的各个生产加工企业纳入其管理范围，对所属企业因企制宜，采取承包经营、委托管理、租赁管理等多种经营方式，确保集体经济组织收益。东林村党委和村委会定期向村民报告工作，并通过东林村公众号实行民主管理、村务公开。

绿色种养开启循环产业发展的"永丰模式"

　　永丰村智慧渔场作为江苏省农业农村厅循环农业试点的重点项目,引进博彦科技、苏州捷安信息等优势企业,打造了一个国内领先的"鱼菜共生智慧渔场"。渔场依靠园区地域条件、自然资源、产业特色等优势,真正实现"零排放、高回报"的现代化渔业生产目标,通过绿色种养的循环产业,推动永丰村农业高质量发展。

▶▶ 一、基本概况

　　太仓市独溇小海生态农业产业园位于太仓市城厢镇永丰村,2015年获评苏州市级现代农业产业园区。近年来,产业园依靠地域条件、自然资源、产业特色等优势,建成郊野公园2000亩,高标准农田1万亩,三星级康居乡村5个,永丰村获评苏州市特色田园乡村示范村。产业园"四水"(水稻、水产、水杉、水果)产业风生水起,拥有8500亩水稻,1000亩水产,800亩水杉，200亩水果。永丰村智慧渔场位于独溇小海生态农业产业园一期规划区域，是江苏省农业农村厅循环农业试点的重点项目，由农业农村部全国水产技术推广总站、中国水产科学研究院渔机所、国家农业信息化工程技术研究中心、江苏省渔业技术推广中心、江苏省淡水水产研究所、苏州市农业科学院等单位进行技术指导，引进博彦科技、苏州捷安信息等优势企业，打造了一个国内领先的"鱼菜共生智慧渔场"。项目总投资约2500万元，生产基地占地60亩，包含18套鱼菜共生循环养殖系统和1.2万立方米循环养殖水体，将原来600亩产能低下的老旧鱼塘改造成湿地公园，利用十分之一的面积打造生态高效的鱼菜共生循环水养殖工厂。

▶▶ 二、主要做法和成效

永丰村智慧渔场以"一条鱼、一棵菜、一饵料、一粒米"为核心要素打造现代生态循环农业新模式。通过"以水为介，农渔结合"现代种养循环方式，构建"液废"和"固废"两条生态循环路径。其中，液废经过生物反应器产生蔬菜栽培营养液，经由无土栽培系统吸收净化后，水体重新回到养殖槽进行养殖，构建了"水产养殖＋蔬菜种植"的内循环系统；而固废经发酵后产生有机肥，用于生产小麦、米糠等原料，制成优质饵料满足渔业生产，构建"稻麦农田＋渔菜工厂"的外循环系统。渔场通过内外耦合化循环系统，产生优质水产、水培蔬菜、生态大米等健康产品，真正实现"零排放、高回报"的现代化渔业生产目标。

（一）双循环系统，提高农业资源利用率

永丰村智慧渔场这一循环农业试点项目，简单来说可以概括为"一条鱼、一棵菜、一饵料、一粒米"。精选高质量鱼苗，利用永丰村独有的小海水域进行流水养殖（一条鱼）；产生的残饵、尾水、粪污等废弃物将进行固液分离，其中，液废将通过微生物反应器转化为营养水，为无土栽培水生蔬菜提供养分（一棵菜），固废将通过发酵、压滤形成有机绿肥，供稻田使用（一粒米）；种植产生的秸秆、米糠等将通过饲料车间转化为鱼类饲料（一饵料）。通过内外耦合双循环系统，真正提高农业资源利用效率，实现农业废弃物"零排放"和"全消纳"。

（二）产学研结合，科学养殖高效发展

为了使项目落到实处，永丰村除了承担项目建设外，还特别邀请了全国水产技术推广总站、中国水产科学研究院、苏州市农业科学院和苏州市水产技术推广站的科研人员提供技术支撑，邀请苏州捷安信息科技有限公司为项目运营单位。多位循环农业、蔬菜、水产养殖专家与本项目直接对接，通过实地走访、水体调查，对项目发展情况进行科学验算，真正做到产学研相结合，科学养殖、高效发展。

（三）多渠道销售，积极拓展市场空间

在后期营销上，渔场产品主要有四种营销渠道。一是管理中心直接带货，利用淘宝直播销售平台，扩宽线上销售渠道；二是精准配送，与盒马鲜生和多家连锁餐饮企业达成合作，为固定目标群体提供订单式生产；三是体验式消费，搭载永丰村已初步建成的太仓独溇小海旅游发展有限公司构建农旅平台；四是集团采购，与本地企业进行协商，提供团餐原材料供应。

（四）智能化监测，智慧养殖绿色发展

永丰村智慧渔场利用水产养殖物联网、人工智能、区块链、5G信息传输及固化微生物等先进技术，推进智能化生产管理、标准化质量控制、生态化养殖尾水处理等一系列的绿色养殖模式和绿色发展理念的融合，建设了水质在线监测系统、智能预警和增氧控制等智慧养殖系统。

水质在线监测系统，可选择性地对养殖水体的各类数据进行实时、分时、定时采集。水产养殖智能控制系统，在水质发生变化时，养殖户可通过个人手机对目标水体进行及时调节（如启动增氧、换水或投饵），对水质进行管理。水生动物疫病诊断系统，具有辅助诊断功能、远程会诊功能、安全用药控制功能、电子病历管理功能、行政区域监控功能、网络疫情测报及统计功能六大功能。质量安全智慧监管系统，可及时追溯目标水产品的产地、农药残留、卖场等相关信息。养殖尾水智能监测系统，可监测养殖尾水中氨氮、亚硝酸盐等水质参数，用于辅助绿色养殖在线监测系统。

三、经验启示

（一）绿色种养，壮大特色产业

1. 保证项目投资

永丰村智慧渔场这一循环农业试点项目共投资2400万元，拟建养殖水槽102个，平均每个水槽的面积在100平方米左右，薄膜大棚1.2万平方米，玻璃大棚2450平方米，占地50多亩，预计年产值将达到2000万元，年利润将高达500万元。投资回报十分可观。通过对接盒马鲜生和上海清美绿色食品（集团）有限公司，实现订单式生产，高品质鱼类年产量预计可达到50万千克，产值可达2000万，利润高达500万元；无土栽培蔬菜年产量达7.5万千克，产值将达75万元，利润高达40万元。

2. 立足区位优势

2015年，永丰村立足"嘉昆太"区位优势，以生产、生态、生活相融合的发展理念，启动独娄小海生态农业产业园建设，同年11月成功获批苏州市级现代农业园区。2016年12月创建三星级乡村旅游风景区，形成1万亩粮食主导产业、1700亩核心区特色水产产业、800亩生态水杉产业、200亩优质林果产业。目前核心区已建成100亩综合性垂钓服务区、40亩优质林果采摘区、450平方米农家餐饮、300多亩杉花景观、5000平方米户外拓展基地、500平方米农家大灶，推进农村一二三产业融合发展。

3. 明确项目定位

项目坚持五大特色：一是双循环，即农渔养分循环，种养用水循环；二是品质，生产全过程绿色无添加，全程透明化管理，质量安全可控；三是环保，固液零污染排放；四是高效，据科学估算，本项目亩产值将达20万元；五是智慧，渔场将实现智能投饲、智能增氧、智能集污、智能诱捕。

（二）循环利用，生态效益显著

1. 坚持循环利用

永丰村启动的循环渔业试点项目，将近600亩老鱼塘改造成湿地公园，利用十分之一的面积打造生态高效的鱼菜共生循环水养殖工厂。养殖废弃物经固液分离，液废通过内部循环利用，固废经收集处理后为400亩良田提供有机绿肥，畜禽排泄物利用率100%，循环种养区水质得到改善，可达到Ⅱ类饮用水标准。

2. 质量安全可追溯

永丰村智慧渔场解决了传统渔业环境差、产能低、质量不可控、靠经验养殖、收益不稳定等痛点问题，将之转变成现代渔业环境友好、产业融合、质量可控、智能化管理、订单式生产的养殖模式，所有产品实现质量安全全程可追溯。

（三）农渔融合，社会效益提升

1. 队伍专业化

永丰村智慧渔场打造了一支现代渔业运营专业团队，解决多名村内劳动力就业问题，培育职业农民及产业化工人，人均年工资可达 7 万元以上，带动当地"渔文化"产业发展，带动农民增收。在生产养殖过程中，全程数字化生产管理、标准化质量控制，为消费者提供安全可靠的水产品。用 60 亩的设施农业用地进行集约化养殖，产能与 600 亩传统鱼塘相当，同时节省人工约 90%，实现高产高效。

2. 打造样板工程

永丰村智慧渔场承担了农业农村部的智慧农安试点工程，是农业农村部的"蓝色粮仓"项目试验基地，执行农业农村部渔业渔政管理局的水产绿色健康养殖技术"五大行动"计划。下阶段，永丰村智慧渔场力争建设成为长三角循环农业、现代渔业转型升级提质增效的样板工程。

3. 抢抓发展机遇

2017 年 12 月，太仓市委十三届四次全会明确将独溇小海生态农业产业园纳入市委"一心两湖三环四园"城市生态体系建设，这给产业园新一轮的发展带来了重大机遇。永丰村智慧渔场抓住这一发展机遇，促进了经济效益、社会效益的提升。

村企共建推动农村高质量发展的雅鹿探索

雅鹿村按照乡村振兴的总体要求,根据"万企联万村"决策部署,秉承"生态文明、共同富裕"的精神追求,充分发挥和雅鹿集团村企共建、抱团发展的条件优势,推行"以企带村、村企联动"的经济发展模式,实行"政社互动、村民自治"的社区管理模式,努力打造"农业强、农村美、农民富"的社会主义新农村,为实现乡村振兴贡献了雅鹿智慧。

▶▶ 一、基本概况

雅鹿村位于太仓市璜泾镇西北部,下辖46个村民小组,区域面积6.8平方千米,农户1141户,全村户籍人口4649人。近年来,村党委充分发挥党组织的战斗堡垒作用,不断开拓进取、转变观念,全力打造一支政治硬、本领强的党组织队伍,用实干担当诠释"为民初心"。雅鹿村创建了雅鹿村化纤纺织产业园,产业园有入驻企业14家,为本村劳动力提供了261个就业岗位，年工业总产值超 3 亿元，每年可为村集体带来租金收益 800 多万元，产业园成为雅鹿村集体经济不断发展的强力"引擎"。近年来，雅鹿村先后获得全国文明村、江苏省文明村标兵、江苏省社会主义新农村建设先进村、江苏省民主法治示范村、江苏省生态村等荣誉称号。

二、主要做法和成效

（一）村企共建深度融合，再创经济新辉煌

1. 建厂签约招租

2020 年，雅鹿村新建标准厂房 5400 平方米，其中车间二层排架结构（屋面钢结构）近 4600 平方米，办公用房三层框架结构 800 多平方米，目前已完成签约与出租。第一年价格是 216 元/平方米，第二年是 240 元/平方米，第三年达到了 276 元/平方米，连年递增。厂房内电梯、行车架、消防设施等基础设施一应俱全，第一年为村集体经济增加 116 万元，到第三年能增加至 150 万元。

2. 合作搭建平台

雅鹿村与雅鹿集团根据"万企联万村"决策部署，以太仓市一鹿同行建设项目管理有限公司为平台，开发 24 亩土地及 1 万平方米厂房，村企双方将其命名为鹿路创新工业园，并新建 1.8 万平方米厂房，项目竣工后，每年能为村级经济增加 500 万元收入。

3. 积极振兴产业

在振兴产业的道路上，雅鹿村从未止步。2020 年成立太仓市鹿路农业科技有限公司，主营大米深加工产业，后期将生产米线、螺蛳粉、年糕等产品，预计每年能为村级经济增加 40 万元收入。从形成稻米全机械化产业链，到提升乡村颜值、开发特色民宿，再到标准化物业房的功能提升，雅鹿村以"绿"为底，勾画产业兴旺的秀美画卷，全力打造美丽乡村、休闲农业、优质农产品等"产业名片"，持续将乡村做美、做优、做强，促成农村面貌新蝶变、发展动能大提升。

（二）党建引领"一鹿同行"，联合共克疫情

1. 举办多种活动

为进一步推动农村事业全面发展，突出乡村振兴建设工作中党的引领作

用,雅鹿村与雅鹿集团于2008年就开展了红色"1+3"结对共建活动,每年共同举办各类丰富多彩的服务活动,活动内容涉及文化活动、环保整治、扶贫帮困、乡风文明建设等众多乡村振兴战略中的关键领域,每年参与的党员群众达数千人,其中以"迎党庆,颂党恩"和"喜迎党的十九大"为主题的党日庆典活动参与人数尤为众多。

2. 成立联合支部

2020年,面对突如其来、态势凶猛的新冠疫情,雅鹿村党委和雅鹿集团党委主动发挥基层党组织的战斗堡垒作用,2月15日,"一鹿同行、共同战'疫'"雅鹿村企联合临时党支部正式成立,临时党支部共有党员15人,分别来自雅鹿村党委和雅鹿集团党委。面对疫情,他们主动放弃休假,投身志愿工作,严防疫情输入,严控疫情扩散,为打赢疫情防控阻击战提供坚强组织保障。战"疫"临时党支部党员同志们积极主动作为,建设强有力的支部堡垒,把一面面党旗树立在群众最需要的地方,共同把关,共克疫情。

3. 坚持结对共建

自雅鹿村党委与雅鹿集团党委结对共建以来,双方发挥各自党建资源和经验优势,在实践中不断完善协作机制,最终形成了组织建设互促、党员干部互动、党建载体互用、结对共建互助的党建工作新格局。

(三) 传播文化惠及群众,促进乡风文明

1. 活跃文化阵地

为活跃乡村文化阵地,丰富农民文化生活,雅鹿村和雅鹿集团于2009年开始,每年举办雅鹿村企文化节,进一步提高基层党组织的凝聚力、发展力和服务力,形成了"以工哺农、村企共赢、百姓得益"的局面,既丰富了农村群众和企业职工的业余文化生活,又扩大了雅鹿村和雅鹿集团的文化影响力,提升了村"两委"和企业的形象。雅鹿集团专门组建了一支专业的沪剧演出团队,致力于打造企业文化、宣传企业精神、活跃群众文化生活,多年来,沪剧演出团已排练了20多部沪剧大戏和传统剧目,深受百姓欢迎。到2022年,雅鹿村企文化节已走过13个年头,已然成为"以企带村、村企联动"发展成果的展示平台和"发展利民、文化惠民"的优秀载体。

2. 执行积分管理

2017年,太仓市家庭诚信积分工作在雅鹿村落地生根。按照村规民约标准制定的五大板块积分标准,给村里的家庭立规矩、打分数,这是雅鹿村开展乡风文明建设、推动治理有效的一项创新举措。雅鹿村与雅鹿集团积极探索积分运作和表彰方式，牵头成立家庭诚信积分文明公益金，设立公益金专款专用账户，用于雅鹿家庭诚信积分管理的整体运作、表彰奖励、困难家庭援助等各类公益活动。

3. 开展志愿活动

雅鹿集团积极参与雅鹿村开展的各类志愿服务活动，主动参与组建企业爱心志愿服务队，成为清雅志愿服务站九支志愿服务队的一员。无论是在疫情防控志愿服务活动中还是在人居环境志愿服务活动中，都能够看到雅鹿集团企业志愿者的身影。

三、经验启示

（一）强化组织共建

村企合作共建是探索村企和谐发展、增强基层党建、改善基础设施、丰富村居整治内容、促进农民就业、增加农民收入的崭新思路。坚持党建引领，通过村企共建党组织，实现党建工作同研究、组织生活同开展、党建资源同分享、党建经验同交流，促进村企双方工作融合共进。雅鹿集团出资建造社区服务中心和标准厂房，以无偿资助的形式交给雅鹿村经营管理。社区服务中心提升了雅鹿村的便民服务水平，吸引了大量企业入驻，提高了村集体收益。

（二）强化发展互助

围绕经济发展、基层党建、为民服务、基层治理、乡风文明等方面，村企共同确定合作项目，通过共同组建党员先锋队、志愿服务队，开展设岗定责、承诺践诺等活动，集中力量、重点攻坚、共同解决合作项目中的重点难点问题。曾经的雅鹿村由于地理位置和道路不通的制约，于外难以通商，于内难以发展，主要产业经济来源为粮食生产。针对这一情况，为了从根本上改变雅鹿村的落后现状，璜泾镇党委、政府创新提出"以企带村、村企联动、建设新农村"的发展模式，为雅鹿村快速发展提供了机遇。雅鹿村与雅鹿集团挂钩联动形成组合，相互支持，共同发展。雅鹿集团充分发挥名企优势，实现辐射带动，将自身的理念、资金、资源等优势与雅鹿村的区位特点相结合，确定了雅鹿村村级经济的发展方向和突破口。

(三)强化人才同育

村企共建党组织共同发掘乡土人才,为能够同时带动村企发展的优秀人才提供创新创业支持,推动形成一批乡土人才与村企合作示范项目。雅鹿村和雅鹿集团积极培育乡土人才,在集体经济发展的环节上主动作为,为集体经济和村庄的可持续发展打下了坚实基础。

探索新型村治模式,打造"治理有效"的永乐样板

永乐村以习近平新时代中国特色社会主义思想为指引,以探索新型村治模式为目标,努力推进美丽乡村建设,走出了一条"自治为基、法治为纲、德治为领"的"三治合一"现代农村治理法治化之路,积极打造"治理有效"的永乐样板。永乐村充分挖掘自身资源优势,大力发展优势产业,完善配套硬件设施,不断推进农业发展,为全力打造"产业兴、生态美、百姓富"的新永乐不懈奋斗。

▶▶ 一、基本概况

永乐村位于太仓市璜泾镇东面,区域面积7.03平方千米,全村共有42个村民小组,748户农户,现有耕地面积4741亩,户籍人口2605人,外来常住人口2464人。永乐村在各级党委、政府的正确领导下,认真贯彻落实乡村振兴二十字要求,以"永攀高峰、乐展红途"党建品牌为抓手,扎实推进民

主法治建设，不断提升法治型党组织工作实效，认真做好农业提质增效、农村治理创新、农民致富增收三篇文章，积极探索自治、法治、德治的农村治理新模式，不断提升农村治理能力和治理水平。近年来，永乐村先后获评全国文明村、全国民主法治示范村、全国乡村治理示范村、江苏省民主法治示范村、江苏省生态村、苏州先锋村等。

二、主要做法和成效

（一）党建让乡村更加温暖

永乐村党委高度重视农村基层党建载体建设，多举措提升党组织的政治引领力和组织影响力，推动基层党组织将力量凝聚在乡村振兴发展目标上。

1. 建好组织阵地

永乐村规范化、标准化建设海棠花红党建阵地，党群服务中心积极打造"一中心五功能室"，自然村落实现"海棠邻里驿站"全覆盖，让党员群众享受无缝连接的学习，大力宣传普及习近平新时代中国特色社会主义思想，积极培育和践行社会主义核心价值观。永乐村被评为"太仓市三星级党建示范点"。党群服务中心积极发挥功能，服务全村妇女、儿童，联合老年人、快递员、网约车等人群合力共筑"精神家园"。

2. 建强行动支部

永乐村不断加强党支部能力建设，发挥乐意先锋行动支部、企业家联盟行动支部等在全域国土空间综合整治、乡村治理、扫黑除恶、爱心帮扶等活动中的攻坚克难作用。特别是在全域国土空间综合整治过程中，行动支部党员干部带头，提前完成200多亩工业土地的拆迁任务，引入绿色、节能、科技型企业入驻，大大提高了村级可支配收入。选树典型、表彰模范活动中，涌现出了太仓市优秀共产党员姚品良、苏州"最美家庭"徐玉立家庭等先进典型，他们发挥了党员的先锋模范带头作用。

3. 健全法治型党组织

永乐村健全法治型党组织，培育身边的法律明白人，设立村民说事点、完善议事厅、构建小微权力清单等，完善村务、党务、财务公开制度，提升党员干部运用法治思维和法治方式谋划发展的能力和自觉性，不断提高基层党组织的凝聚力、号召力、战斗力。通过"党员说事"搜集村情民意，"三治"融合与民主议事机制相结合，永乐村不断探索村民与村党委间的良性互动，提升村民的获得感、幸福感和安全感，确保村民安居乐业，乡村安定有序。

（二）人文让乡村更具神韵

永乐村以习近平新时代中国特色社会主义思想为指引，将"永攀高峰、乐展红途"党建品牌与乡风文明有机结合，以党风带村风促民风，着力推进乡风文明建设。

1. 文明实践凝练特色

永乐村创新打造新时代文明实践站，不断提升百姓思想觉悟、道德水准、文明素养和全村社会文明程度，在"永攀高峰、乐展红途"党建品牌指引下，村民见贤思齐、德法同行，党员干部勤政廉洁、为民奉献，企业家依法经营、回馈社会。

2. "家庭诚信"积分制落地生根

永乐村积极构建"家庭诚信"积分制管理体系，建立一户一档的家庭文明档案，开发积分兑换小程序，让社会主义核心价值观在群众心中生根发芽，使精神文明建设成果为人民所共享。

3. 志愿活动丰富多彩

永乐村组织乐意先锋志愿者团队、诚信企业家联盟志愿者团队、老骥追梦志愿者等服务团队，开展"不忘初心、牢记使命"主题教育系列活动、"碧水蓝天、海棠花红"志愿者植树活动、"乐意"公益金募集活动等30余次。

4. 慈善事业逐梦前行

自2014年以来，永乐村连续举办7届永乐村"乐意"助学公益活动，截至目前，已募集善款120.63万元，用以奖励优秀学子，资助困难学生。永乐村党委积极响应国家推进中西部扶贫工作的号召，党建结对，扶贫帮困贵州省铜仁市玉屏新店镇新店村。

（三）规划让乡村更美丽

永乐村充分挖掘自身资源优势，大力发展优势产业，完善配套硬件设施，不断推进农业发展，形成具有永乐特色的农业产业，助力乡村振兴。

1. 夯实农业基础设施

按照村庄建设规划，永乐村联合建设8台（套）粮食烘干设备及设施，配备农业设施用房2000平方米，不断提升农业基础设施水平。

2. 提升道路基础设施

永乐村实施乡村道路脉络工程，该工程将持续三年对村域内永乐、利华、荷花三个片区损坏的农路进行修缮、拓宽及重修，方便百姓出行。

3. 推广农业机械化及农业新技术

永乐村在七浦塘建设200亩机械化林果及苗木基地，推广林果、苗木新技术，带动沿河林果休闲、观光、采摘产业发展。

4. 改善农村生活环境

永乐村实施三星级康居点建设，目前已经完成钱家巷、南池两个点位，接下来以点带面，永乐、荷花康居点相继开工，持续三年对村域内永乐、利华、荷花三个片区实施农村主要道路沿线、河道、村庄等的环境美化和亮化工程，改善百姓居住环境。

（四）整治让乡村更洁净

改善农村人居环境，建设美丽宜居乡村，是实施乡村振兴战略的一项重要任务。永乐村多措并举、持续发力，整治成效显著，村居环境得到极大改善。

1. 专项行动有序开展

永乐村以高压执法态势，通过明察暗访和行政处罚，解决了一批突出环境问题，强势推进"263"专项行动。在各级党委、政府的统筹组织下，广泛宣传"331"专项行动，以最快速度、最严标准、最大力度开展整治活动，为工业区企业的安全扫除隐患。

2. 巡河工作扎实进行

永乐村全面推行河长制工作，对全区域内的水环境问题进行排查摸底，建立村"两委"会及河道保洁员每月例会制度和河湖常态化巡查制度，定期梳理和实时掌握全村河湖管控工作情况。打造了南池、小堰泾、花园塘等"美丽河湖"5条，拆除老荡茜河沿岸30余亩面积的违章搭建，在河道沿岸种植了夹竹桃、石楠树、桂花等近1000棵。

3. 人居环境整治有效

永乐村积极开展"三清一改"（清理村庄生活垃圾，清理村内塘沟，清理畜禽养殖粪污等农业废弃物；改变影响农村人居环境的不良习惯）人居环境整治活动，组织保洁人员、志愿者等清理宅前屋后积存垃圾、沿河漂浮物，清洁主次干道，对村庄内的卫生死角、杂物垃圾、乱堆乱放等进行大清理、大扫除。志愿者们走村入户，向老百姓发放垃圾分类宣传资料，指导村民开展垃圾分类行动，营造人人参与垃圾分类的良好氛围，共建干净宜居的新永乐。

▶▶ 三、经验启示

（一）深化党的建设引领

永乐村不断完善基层党组织建设，规范化建设村级党群服务中心、海棠花红先锋阵地等，打造特色党建服务品牌，丰富品牌内涵，形成浓厚的红色氛围。健全法治型党组织，完善村级组织工作制度和机制，提升党员干部运用法治思维和法治方式谋划发展的能力和自觉性。落实党群议事章程，增强组织群众参与协商议事活动的实效，不断提高基层党组织的凝聚力、号召力、战斗力。

（二）紧扣乡村振兴思路

永乐村坚持以乡村高质量发展为主轴，精准把握总体方针，深度挖掘资源优势，大力发展优势产业，向绿色发展要质量，向生态宜居要效益，向乡风文明要力量，向乡村善治要保障，向农村改革要动力，不断夯实乡村发展合力，全力推动乡村振兴。

（三）壮大村民自治力量

永乐村逐步发展壮大志愿者服务队伍，以特色志愿服务团队为活动载体和依托，营造浓厚的志愿服务氛围。积极开展村级公益项目，为高龄、独居、空巢、留守、失能、重残等重点老人制订精细化项目方案，并促进项目方案及时落地，不断提升村民的获得感、幸福感和安全感。

践行"两山"理念,助推长洲发展

长洲村积极践行"两山"理念,以推动生态环境保护高质量发展为抓手,宣传保护鸟类资源和长江生态环境,建设生物多样性观测站,提高生物多样性保护能力,开展多元化湿地保护宣传活动,加强湿地保护意识,让村民群众望得见山、看得见水、记得住乡愁,持续推进人与自然和谐共生的现代化建设。

▶▶ 一、基本概况

长洲村位于太仓市璜泾镇西北部,西面与常熟市交界,北面毗邻长江黄金水道,宏伟壮观的太海汽渡码头就坐落于此,滨港大道、太海公路贯穿长洲区域,地理位置得天独厚,交通十分便利。全村面积5.72平方千米,辖33个村民小组,有耕地面积3930亩,农户862户,常住人口3700余人。白茆口湿地位于长洲村北侧,北面濒临长江,南面是村庄农田,东临太海汽渡,与上海市崇明区隔江相望,为长江(太仓市)重要湿地之一,属生态红线二级管控区,拥有长江、河流、芦苇湿地、农田、树林等多种生境。近年来,长洲村先后获得全国综合减灾示范社区、苏州市文明村、苏州市农村人居环境整治提升工作示范村等荣誉称号。

二、主要做法和成效

(一)建立鸟类观察点,保护鸟类资源

白茆口湿地是太仓市重要湿地,属生态红线二级管控区。湿地是鸟类的天堂,野生鸟类是生态系统中重要的组成部分,在湿地能量流动和维持生态系统的稳定性方面起着举足轻重的作用。位于生态链中高端的野生鸟类是最常见的野生动物,区域野生鸟类种类及数量的多少是国际上公认的最重要的生态指示物种之一。长洲村建立鸟类观察点,通过开展长期的野生鸟类调查监测,对白茆口江滩湿地不同季节、不同生境的野生鸟类资源状况进行摸底,为进一步保护白茆口湿地的生态和物种多样性提供科学依据。

(二)打造教育基地,宣传保护长江生态环境

长洲村打造的教育基地位于村庄最北端,东邻太海汽渡,西濒常熟市白茆口,基地总占地面积3.2万平方米,是目前太仓市首个市级长江生态保护科普教育基地,包含户外景观小品、接待室、主展区、放映室、自然课堂等区域。放映室、自然课堂配备教学仪器设备,作为活动基地。户外及原有景观凉亭添置户外景观小品、科普仪器等。主展区面积达184平方米,分为太仓长江生态保护成果展区、长江生态科普展区。2022年又在外围种植树木、绿化植被,改良树种,吸引鸟类栖息,并对内江堤河坡进行改造,恢复原态,种植浅水植物。展馆东侧种植水杉、竹子,建成鸟类栖息地,中间池塘种植水生植物。西侧及四周池塘有各类洄游鱼类。

教育基地将建成集科普、游学、亲子游玩于一体的多功能集聚地和可观、可感、可留存的示范教育基地。教育基地通过展厅布置、展板展示、景观、小卡片、宣传样本、小程序、实地观察等多种形式向来访者科普长江湿地动植物分布情况及习性状况等知识,增强人们对长江江滩湿地动植物的保护意识,从而宣传、保护、改善长江生态环境。

(三)建设生物多样性观测站,提高生物多样性保护能力

根据江苏省《关于印发各设区市2022年深入打好污染防治攻坚战目标任

务书的通知》(苏污防攻坚指办〔2022〕36号)和太仓市生态环境局要求,为加强太仓市生物多样性观测能力建设,长洲村拟于白茆口湿地建设生物多样性观测站,利用白茆口现有基础设施,布设白茆口湿地生物多样性观测样地和固定观测样线(点),配置动植物采集鉴定设备、红外监测相机、鸟类智能识别等新型监测技术,建设白茆口湿地生物多样性观测站。观测站预计投资65万元,进一步提升对EQI(生态环境质量指数)、长江流域水生态考核等生物多样性评价与考核支撑水平,满足生态环境保护、管理、考核需求,提高生物多样性保护能力。

按照计划,长洲村于2022年8月前完成白茆口湿地生物多样性观测站建设方案,提交太仓市生态环境局审核通过;于2022年12月前完成白茆口湿地生物多样性观测站建设并投入使用;于2023年12月底前编制年度生物多样性观测报告,提交太仓市生态环境局审核通过。参照《江苏省县级行政单元生物多样性本底调查与编目技术规定》(苏环办〔2017〕315号 附件2)等技术标准,并结合新型监测技术,观测站主要观测白茆口湿地陆生高等植物、陆生脊椎动物、陆生昆虫、水生生物和珍稀濒危物种的种类、数量、分布现状与变化情况。作为开展生物多样性保护的重要基础设施,生物多样性观测站的建设对于及时准确掌握生物多样性现状和变化趋势具有重大战略意义。

(四)开展多元化湿地保护宣传活动,增强湿地保护意识

长洲村结合多种形式,不断扩大宣传面,增强村民湿地保护意识,积极推动习近平生态文明思想,使广大群众牢固树立"绿水青山就是金山银山"的生态理念,为长洲村营造良好的生态氛围。

长洲村组织开展保护长江生态环境动员大会,邀请璜泾镇党委有关领导、各村(社区)党务副书记及长洲村全体党员、村民组长、志愿者代表参加,大会加深了人们对党建引领乡村振兴、保护长江生态重要性的认识。长洲村与太仓市林业局举行《璜泾生态保护》共建签约仪式,通过"保护生态 振兴长洲"微型党课,对振兴长洲提出了新思路。长洲村自编自演的沪剧小戏《长江生态赋》,让居民更加明晰十年禁捕规定,确保长江生态持续发展。志愿者代表表示坚决按照国家有关政策法规和长洲村村规民约、文明家庭要求,携手建设美丽长洲新家园。通过"党建引领乡村振兴"长江生态保护知识问答,村民对长江生态保护有了更深刻的了解。

长洲村还通过开展长江水生生物保护讲座、垃圾分类知识讲座及为小鸟筑巢、放生小鱼等活动，帮助青少年树立保护环境的良好意识，帮助他们形成好思想、好品行、好习惯。

▶▶ 三、经验启示

（一）党建引领党员带头保护生态湿地

长洲村党委组织党员干部作表率、当先锋，在基层党建引领生态文明建设中当好"领头羊"。通过"春华"行动支部，积极组织党员参与生态湿地保护行动、长江禁捕巡查工作，禁止捕捞长江鱼，禁止抓捕鸟类、私自收割芦苇和野生水草等，并对村民、游客进行宣传教育，增强大家保护生态湿地的意识。同时，长洲村党委书记带头巡查村辖区外江堤生态湿地护林带，对出现倾斜、残缺、枯萎的苗木进行统计，对部分残缺苗木进行修复，对倾斜的苗木进行扶正，完成护林带修复工作。在长洲村党委的带领下，党员干部用实际行动践行"红色党建"引领"绿色发展"的新发展理念，深入推进生态修复工作，保护湿地，展现出一幅生机盎然的湿地画卷。

（二）区域化党建激发生态保护新活力

长洲村党委组建区域化党建，与太仓市林业站党支部结对共建，依托林业站党员的专业优势，弥补长洲村党员专业上的缺失，保护省级生态湿地。长洲村党委坚持生态优先、绿色发展的路子，构建"党建+生态"良性循环新模式，促进生态环境与长洲建设并驾齐驱。

（三）全方位持续推进生态湿地保护工作

生态兴则文明兴，生态衰则文明衰。长洲村白茆口湿地保护工作任重而道远，沿江生态湿地长效管理须常态化开展。长洲村不断推进沿岸绿化养护工作，经常性开展长江与外随塘河入水涵洞堆积物清理工作。在沿江各道路口安装监控视频，日常监管生态湿地沿岸垃圾偷倒情况，同时与保洁公司签订生态湿地管护协议，做好湿地绿化养护工作和沿岸芦苇等水生植物的管理工作等。长洲村不断提高湿地保护管理水平，对白茆口湿地多层次、全方位的动态监控和直观管理，有效改善了湿地的生态环境。

汇聚"二心二彩"，建设"美治半泾"

半泾村构建"党群参与、农民主体"的治理格局，以"泾"系列"二心二彩"行动全方位推进"美治半泾"行动，实施"绿亮美计划""泾彩积分"等激励措施，融合农村环境与文旅产业，走出了环境治理助推农文旅发展的乡村振兴路径。

▶▶ 一、基本概况

半泾村位于太仓市中部，沙溪镇西侧，全村总面积5.2平方千米，由3个自然村合并而成，辖32个村民小组、1个集中居住小区，全村农户805户，在册人口2881人。半泾村作为太仓市首批乡村振兴试点村之一，紧扣高质量发展目标，由清洁指挥长牵头，团结并率领全村实施"泾"系列"二心二彩"行动，全面提升了村级生态环境。同时，结合产业发展优势，乡风文明齐头并进，民主管理、服务村民"更上一层楼"。半泾村获评全国乡村治理示范村、江苏省文明村、江苏省健康村、江苏省民主法治示范村等荣誉称号。

二、主要做法和成效

（一）"泾心孵化"加快生态宜居步伐

半泾村建立以清洁指挥长领路、农村富余劳动力为主体的"泾心孵化"劳务合作模式，提供劳务培训、业务结对、服务管理等一揽子"保姆式"孵化服务，增强农村发展内生动力，提升农村环境自治水平。成功"孵化"32名专业保洁员，真正实现了全村垃圾日产日清，卫生保洁全覆盖。以点带面推动清理宅前屋后乱堆乱放、乱搭乱建、乱涂乱画、乱种乱养 800 余处，动员干群 5000 多人次，转运陈年垃圾、堆积物 1200 余吨，初步走出"指挥长领路、党群孵化、全村受益"的小康新路径。

（二）"泾心为你"加快美村建设进度

"好环境靠真落实"，半泾村的清洁指挥长深谙此理，着手组建了一支"泾心为你"项目攻坚队，按照美丽乡村建设要点，细化夏家巷、周庄巷两大环境提档项目建设任务，分工职责，紧扣全年任务倒排时间节点，与时间抢跑。紧盯青秧片区苏州特色田园乡村重点项目和全国文明村争创软硬件建设，由清洁指挥长领办、党员骨干协办、项目攻坚队合办，勠力同心抓质量、抓成效，全面加强跟踪服务和要素保障，快速改善半泾人居环境。夏家巷、周庄巷两个三星级康居乡村示范点顺利通过验收，青秧片区入围苏州市第五批特色田园乡村名录。

（三）"泾彩引力"促进基层治理提效

"泾彩引力"是半泾村打造的基层环境治理工作品牌，重点突出在环境治理、垃圾分类、绿化养护等工作中培养人才，从"定制村干"、农村志愿者中挖掘能人，着力筑牢基层环境治理"根基"。近三年来，高质量培养垃圾分类督导员、河道治理管理员、绿化养护技术员等专业人才 9 人，有效引领基层提能级、增活力，在农村环境治理方面持续发力，全力推进农村拆违治乱、垃圾分类、污水治理、"厕所革命"、卫生乡村"五大专项"工作。同时，结合数字乡村建设，为人居环境整治行动提供治理新思路。在全村范围安装 202 套人居环境专用实时监控设备，监测画面实时上传至半泾村智慧农村平台。督导员、管理员可同步掌握道路、河道、垃圾亭周边、健身游园等

21 个环境网格内的人居环境情况和保洁进度，迅速发现问题，第一时间处理。组织开展"全民吹哨"行动，村民可通过"娄城人居随手拍"小程序参与人居环境问题网络监督，管理员收到"待处理"提醒后，利用地图精准定位，直达事件问题现场，确保 5 小时内处理完成。以"天眼"监测、网络监督为抓手，推动清理宅前屋后乱推乱放、乱搭乱建、乱涂乱画、乱种乱养 100 余处，转运陈年垃圾、堆积物 60 余吨。半泾村将"键对键"与"面对面"相结合，探索人居环境数字化治理新实践，从而获评苏州市农村人居环境整治提升工作示范村等称号。

（四）"泾彩提升"按下农村发展快进键

半泾村农村生活垃圾分类处置体系实现全覆盖，卫生厕所普及率达 100%，生活污水接管完成 632 户。半泾村以"泾彩提升"品牌行动为进阶目标，以"美治半泾"为抓手，突出结合村庄规划，将改善农村人居环境与半泾村农文旅发展项目相结合，统筹打包项目，强化集中连片连线整治，打造以天竹园农庄为核心的省级三星级乡村旅游区，以绿阳蔬果基地为核心的田园小综合体，形成集旅游观光、健康管理、农事体验、生态养老为一体的农文旅新业态。半泾村整村推进"绿亮美计划"和"泾彩积分"两大行动，激发干群动能，转变村民生活陋习，引导村民养成良好的健康卫生生活方式，增强爱护环境的意识。开展年度"美丽庭院""美丽菜园""美丽微公园"等评选宣传活动，以点带面全面提升现代农业、生态环境和乡村文化等综合实力，把半泾村打造成特色田园乡村典范。

三、经验启示

（一）点面结合，"扫"出一片新风貌

1. 干群"干在前"

半泾村党委引导群众改变思想观念，激发村民主观能动性，做到将视觉范围内的"脏乱差"先扫干净、整干净，各点位逐步实现"美丽好"。同时实行督导员网格化管理，各司其职，督促由点到面地做好日常保洁维护。环境的逐步改善改变了村民的心态，村庄风气更加积极向上。

2. 开展绿色活动

村党委组织开展的"康居乡村""泾心菜园""美丽庭院"建设及"手

绘乡村"等活动,得到村民的充分肯定和广泛认可。半泾村建成三星级康居乡村 5 个,"手绘乡村" 4 处,"泾心菜园" 3 个,镇级"美丽庭院" 78 户,青秧片区特色田园乡村创建覆盖 8 个村民小组、198 户农户。

(二)生态为先,"整"出一方新天地

1. 村民主动作为,转变观念

半泾村通过"泾彩积分"制度充分调动农村群众清理残垣断壁、私搭乱建的主动性,着重解决乡村乱堆乱放问题。党员带头,全民参与,半泾村持续掀起清拆热潮。

2. 指挥长带头落实措施

半泾村由清洁指挥长带头,在落实《农村人居环境整治三年行动实施方案》的基础上,分类施策、分层次推进"泾心孵化""泾心为你""泾彩引力""泾彩提升"四大"泾"系列品牌行动。

3. 全员联动助推发展

围绕沙溪古镇,融合农村环境与文旅产业,半泾村将年度任务项目化、具体化,形成了全民动员、齐抓共管的工作局面,走出了环境治理助推农文旅发展的乡村振兴绿色新路径。

(三)满意更多,"补"出一番新乡景

1. 提升利用闲置资源的能力

通过整治,半泾村有效盘活了村庄边界的存量用地,形成"泾心小游园""泾心小菜园",使各村民小组的空闲地得到综合利用,并适度装饰点缀,不断升级美丽乡村乡景,实现村庄清洁、庭院美丽、乡风文明,为乡村振兴发展工作提供前进动力。

2. 形成党群联动的治理格局

半泾村党委构建了"党群参与、农民主体"的工作格局,结合沙溪镇美村行动,创新人居环境"红黑榜"、垃圾分类"红灰榜"等制度,开展"净美家园"系列行动、村庄清洁行动等,带头聚焦宅前屋后乱堆放、田间私搭乱建等重点难点整治问题,推动全村加快补齐补好农村人居环境短板。

3. 树立生态治理的系统思维

半泾村实现了从点上示范到面上治理、从节点治理向系统治理、从重视硬件建设到硬件软件同步推动的转变,农村居民维护环境的公共意识、责任意识明显增强,农村乱搭乱建、乱堆乱放、乱倒乱扔垃圾的现象明显减少,切实实现了生态美、田园美、生活美、宜居宜业的美丽乡村建设目标。

培育现代生态农场，创建绿色万丰模式

  万丰村坚定不移地贯彻新发展理念，以绿色发展为导向，以体制改革和机制创新为动力，通过整合现有资源，打造"稻鸭共养"有机稻米基地，更加注重资源节约、更加注重环境友好、更加注重生态保育、更加注重产品质量，促进农业农村生态环境保护工作再上新台阶。

▶▶ 一、基本概况

  万丰村位于太仓市城厢镇，地处太仓市"三万亩水稻丰产方"核心区域内，是新毛现代农业园区内最大的水稻生产基地。万丰村组建了太仓市海丰农场专业合作社，目前采用稻鸭共生、生态种植等模式，实现了从水稻育秧、播种、管理、收割到精米加工全程机械化，形成了一个以生产优质生态稻米为主、特色农副产品为辅的新型农场。党的十八大以来，万丰村的农业发展走出了一条产出高效、产品安全、资源节约、环境友好的现代化道路，农业绿色发展迈上新台阶。村域内的4000亩水稻、牛踏扁毛豆、毛板青蚕豆、新毛芋艿等当地的特色农产品获得了国家绿色食品认证。在此基础上，万丰村尝试打造有机稻米基地，对海丰农场核心区域内的200亩稻田按照有机标准进行转换。通过5年的有机转换，2021年上半年，农场获得了国家权威机构中绿华夏的有机种植及加工认证证书。2017年，农场种植的大米通过了南京国环有机产品认证中心的认证，2018年获得了江苏省优质农产品、江苏省消费者信得过产品等荣誉，2019年4000亩水稻通过了绿色食品认证并成功创建"苏州大米"区域公用品牌示范基地；2018—2020年，农场核心区域的50亩生态水稻基地连续通过了中绿华夏有机产品转换期认证；2021—2022年，农场连续通过了中绿华夏有机产品种植、加工认证。

二、主要做法和成效

（一）发挥良种增产优势

1. 做优选种

不同品种对于不同地域有着不同的适应程度，在水稻的种植栽培过程中，海丰农场结合实际情况选择更优质的高产高效品种，确保选种科学合理；选用具有强适应性的种子进行种植，从而实现高种植效率和价值，确保水稻高产高效，创造出更大的经济价值和社会价值。

2. 科学考量

水稻品种众多，要结合不同地区的地理环境进行科学合理的选择和种植，无论是降雨方面还是有无霜期等相关因素，都要考虑到，使其种植效益得到充分的体现。

3. 注重效益

一般情况下，生育期长的品种产量高，生育期短的品种产量低，而产量与种植效益紧密相关。海丰农场在选择种植品种的时候，综合考虑各种情况，确保高产稳产。农场还着重关注病虫害抵抗能力、免疫能力等相关因素和抗倒伏问题等，确保水稻种植技术不断提高，为合作社发展带来更多的经济效益，实现更大的经济价值。

（二）用好田间"管理员"鸭子

1. 利用稻田生态

海丰农场根据生态位和食物链等生态学原理，以水稻田作为鸭子的栖息地,以水稻生长为中心,以鸭子的粪便代替有机肥料,利用鸭子踩踏和觅食去除杂草,利用鸭子捕食降低虫害,通过鸭子的不间断活动使水流动从而刺激水稻生长。稻鸭共养能抑制病虫草害,无需施用除草剂,可降低不用化肥和农药带来的减产情况发生,提高土壤质量与改善水体环境,具有良好的经济效益和生态效益。

2. 利用鸭子优势

鸭子在稻田中产生的粪便,随排泄、随搅拌、随吸收,肥料利用率高、肥效显著,能提高土壤肥力18%以上,使水稻生长更好。据测算,一只鸭子在稻田放养期间能产生10千克鸭粪,每放养10只鸭子,排泄的粪便所含的养分相当于尿素3.8~4.2千克、过磷酸钙16~17千克、氯化钾1.3~1.9千克。同时,鸭子能浑水松土,通气增氧,减低土壤有害物质,促进水稻根系的生长深扎。养鸭稻田长势喜人,表现为叶片增厚、叶色浓绿、根系发达、成穗率提高、抗病抗倒性强。

3. 建立共养生态

海丰农场在水稻栽后活棵至抽穗阶段,将鸭子圈养在成片的水稻田中,让鸭子和水稻共同生长发育。稻田为鸭子的生长提供食物、水域、遮阴等生活条件,养育鸭子;鸭子的活动为水稻除草、灭虫、施肥、松土等,养护水稻。两者互惠互利,相得益彰。农场将每20亩左右的田块划为一个小区,每区建一个鸭舍,地基加高到与田埂相当,即约长10米、宽1.5米,可容纳300只左右鸭子栖息,四角用立柱,上架2根横梁,高度1.2米左右,上盖石棉瓦或塑料编织布,四周围网,地上铺干燥谷壳、碎草。用塑料编织布缝制长宽各1米的数个食盘,四周用木条垫高,防止饲料外溢。在鸭舍外围水稻田围初放区,面积50平方米左右,网高70厘米,3~4米立一根桩,将网固定在桩上,供鸭子下田初期试放。围网选用2厘米×2厘米网眼的尼龙网,高度70~80厘米,上下两端分别穿一根较粗的尼龙绳作纲,便于固定在桩上。桩长1.0~1.2米,直径2~3厘米,每3~4米立一根,网的下端嵌入土中,上下纲与桩扎牢。最早可于机插秧栽后15天以上,将鸭子放入田中;不能过迟,否则草龄过大难除净。从鸭子来看,在下田前必须在室内育雏10天以上,时间稍长有利于提高鸭子的成活率和适应能力。如果养两批鸭,第二批可在下田前养20天以上。

（三）创新销售方式

1. 加大广告宣传

广告宣传包括传统的广告宣传方式、深入到社区集市的面对面宣传方式，以及到网络上的大米信息平台宣传。市场营销不是产品之争，而是观念之争，只有使特色产品的理念在大众心目中扎根，才能持久地稳定市场和争取消费者。

2. 构建营销网络

树立特色产品系列在优势领域保持"第一"的理念，以特色产品龙头生产加工企业为核心，组建由其独资控股的营销企业集团，由营销公司或龙头流通企业通过在外地收购、兼并、控股、参股、投资、合资其他商业企业、商品市场和商业网点，建立巨大的营销网络。跳出本地办市场，使其成为宣传特色产品、销售特色产品的重要窗口。

3. 创新营销方式

除了优待券促销、免费样品促销、有奖促销、包装促销等常规营销方式外，应广泛采用多种灵活的促销方式。感性营销就是根据不同顾客的不同心理、情感需求，把感情策略融入产品设计、商标设计、包装设计、广告宣传、价格定位等生产营销活动，满足不同消费者的感情需要。关系营销的核心是建立和发展同顾客及公众良好、稳定、长期的合作关系，同时兼顾利益，从而保持老的顾客群、发展新的顾客群。

三、经验启示

有机农业的发展改善了生态环境，维护了生态平衡，提高了农产品的安全性，变农业和农村经济的常规发展为持续发展，把环境建设同经济发展紧密结合起来，在最大程度地满足人们对高质量农产品日益增长需求的同时，提高了生态系统的稳定性和持续性，增强了农业发展后劲。

（一）促进生物多样性

生物多样性是所有农业生产的基础。实践证明，有机农业能够增加农场中野生生物的数量和种类，维持健康的土壤和土壤中的动物种群（如蚯蚓），促进高水平的农业多样性。有机农业能有效提高土壤有机碳含量，改善土壤结构，减少土壤侵蚀，同时达到固碳作用。有机农业还能减少氮磷损失、农药淋溶和土壤侵蚀的状况，有效避免水体富营养化和泥沙淤积的情况，对水质改善有很大帮助。

（二）合作社经济稳步增长

有机水稻种植中单位面积土地净利润是常规的两倍以上。有机生产增加了物质的内部循环，减少了外来物质的投入，虽然产量相较于普通地块减少了10%~30%，但投入品的减少变相降低了成本。常规大米每斤销售单价在5元左右，绿色食品认证大米单价在8元左右，而有机大米的价格在15元左右，绿色农产品的价格呈倍数上升。海丰农场通过有机产业打开了市场，打通了销售渠道，农产品销售额以100万元的规模逐年递增。

（三）提升社会效益

有机农业比常规农业创造的社会效益更高，其根本原因有二：一方面，有机农业减少了化学农药和肥料的使用，形成了生态绿色的社会共识；另一方面，有机农业相应地需要投入更多的劳动力，促进了就业。海丰农场有机稻米基地的劳动力比常规农业多20%，对万丰村稳定农村人口、改善农民生活、促进农村发展起到了积极作用。

科技助推牌楼产业转型升级

牌楼社区紧紧围绕实施乡村振兴战略农村工作总基调，持续发力农业基础产业，勇抓乡村振兴发展机遇，瞄准白蒜产业，借助政策东风和科技带头人，大力推进白蒜产业全链条科技化种植，取得了良好成效，拓宽了科技赋能的产业高质量发展道路。

▶▶ 一、基本概况

牌楼社区位于太仓市浮桥镇东北部，区域面积12.4平方千米，耕地面积5733亩，合作农场3100亩，有户籍人口6823人，常住人口1.3万人。牌楼社区以"太仓白蒜"为支点，大力优化农业生产结构，推动农业生产高质量发展。社区先后获得江苏省文明村、江苏省"一村一品一店"示范村、苏州市先锋村等荣誉称号。

▶▶ 二、主要做法和成效

（一）绘就发展蓝图

1. 制定发展规划

牌楼社区作为大型涉农社区，拥有自己的产业资源，三产皆有分布。根据中央乡村振兴战略和"三农"相关文件精神，经"两委"会充分调研和征求意见，社区决定通过发展白蒜产业，率先在农业产业上寻找突破口。社区对既有农业生产资源进行梳理，制定出"小规模试产—品牌打造—规模化扩产—科技化种植"的"四步走"四年发展规划，为白蒜产业的发展明晰了时间表，指明了方向。

2. 精选优质耕地

白蒜产业起步之初，面临的首要问题就是土地问题。社区党委针对白蒜产业发展需求，选取了五金城南侧的罗凉片区地块，该地块土地肥力较高，新建道路宽阔，靠近农机站，河道环绕，自然条件较为优越。

3. 借力政策扶持

在白蒜试种之初，社区党委积极了解上级农业发展扶持政策。时值国家开展农产品地理标志申报工作，社区抓住机遇向上级农业农村局征询政策建议，坚定了牌楼社区打造"太仓白蒜"品牌的信念和决心，走农产品品牌建设之路。

（二）打造高效生产团队

1. 党建先行强化路径引领

党建是引领乡村振兴的"阵前旗"，欲谋发展，先看党建。牌楼社区党委一贯重视产业发展，牢记"发展才是硬道理"，力图带领社区产业走"高质量发展"道路。在党委的高度重视下，社区把"白蒜产业"列入党委年度工作核心议程，由社区党委书记担任项目的"第一责任人"，定时召开推进会议，集中资源和力量优先保障白蒜产业的发展。

2. 发挥人才"领头羊"作用

牌楼社区积极用好"农业委培生"政策。2017年，社区引进2名农业相关专业大学生，并把他们培养成为独当一面的农业人才、白蒜产业发展的"科技带头人"。招收吸引了专业农机手5名、季节性农机手5名及附近部分有经验的白蒜种植户加入合作社，搭建起专业的白蒜种植队伍，为白蒜种植奠定了扎实的专业人才基础。

3. 延伸产业链，打造白蒜品牌

牌楼社区充分发挥党建引领作用，广泛动员村企党组织积极参与，拓展合作内涵、优化合作路径，深入推进农业绿色化、特色化、品牌化，结合"太仓白蒜"这一国家农产品地理标志的优势，建设太仓白蒜全程机械化生产基地，种植面积200亩。社区深挖大蒜的营养价值，延伸产业链，推出黑蒜等深加工蒜制品，并注册"苏仓楼"商标，申请了六大类商标，提高了农产品的附加值。

4. 坚持可持续发展理念

牌楼社区充分发挥秸秆在农业生态循环中的可利用效能，改良种植地土壤土质，改善农村生态环境，恢复有机生态农业生机。牌楼社区林港农场开展秸秆还田打包作业工作，与太仓市农业农村局、现代农业园协同合作，由绿丰农业资源开发有限公司提供场地和设备服务，利用太仓白蒜秸秆还田，提升农业综合利用率。大蒜收获机将大蒜与秸秆一起归拢成条，打包装捆，运送至绿丰农业资源开发有限公司，由绿丰农业资源开发有限公司进行堆肥发酵处理，制作成有机肥料特色商品，既外销也自用，在使"蒜"尽其用的同时，创造额外收益，促进了白蒜产业的可持续发展。

（三）优化生产要素配置

1. 整合土地资源

牌楼社区组建、成立了太仓市牌楼民众劳务专业合作社、太仓市林港农场专业合作社、太仓市云丰农机专业合作社等三个专业合作社。牌楼民众劳务专业合作社负责劳务服务，林港农场专业合作社负责农田经营，云丰农机专业合作社负责农机服务。以三个合作社为基础，牌楼社区积极引导农村土地规模流转，提高农业生产经营规模，为扩大白蒜种植面积提供了条件。

2. 持续科技赋能

在白蒜种植链条中，科技赋能是农业高质量发展的必经之路。在农业委培生的带领下，社区先后引进了大蒜播种机、大蒜收获机、无人植保机等生产机械，现有拖拉机18台、插秧机5台、收割机4台、大型激光平整机1台、植保机4台、大蒜收获机1台、大蒜播种机1台、大蒜刷选机1台、大型烘干机1台，覆盖了大蒜种植、施肥、收获等全链条环节。社区还建有标准化农机库房面积约600平方米，大大降低了对人工劳动的依赖，提高了大蒜种植过程的可控性，确保了产量的稳定。社区根据白蒜作物特点，制定出太仓白蒜标准化生产种植流程，以流程科学化融合生产科技化，助力白蒜增产增收。使用机械种植后效率提高了30%，劳动力使用率大大降低，比如分级、分瓣、排蒜减少人力约30%，打药水、施肥减少人力约20%，同时提高了工作效率。机械化种植让人力的工作上限被打破，提升工作量约3倍。

3. 善用网络媒介

近年来，网络直播助农销售悄然兴起，牌楼社区敏锐地认识到直播销售背后潜藏的巨大渠道价值。从2019年开始，社区尝试用直播带货的方式促进白蒜销售，拓宽销售渠道。经过两年的努力，"苏仓楼"白蒜品牌逐渐由线上渠道延伸出数条线下稳定销售渠道，为白蒜产业的可持续健康发展打通了销售环节。

三、经验启示

（一）坚持党建先行

坚持党的领导是做好一切工作的前提和基础，只有在党的领导下，才能最大程度地团结起一切力量，充分调动起一切发展资源，取得最大的发展成绩。牌楼社区白蒜产业的发展，无论是"从无到有"提出发展白蒜种植设想，还是"从有到大"集中精力扩大种植面积，抑或是"从大到强"打响"太仓白蒜"品牌优势，牌楼社区党委总是走在最前列。领导班子紧密团结、高效行动，是白蒜产业一路高歌猛进的根本组织保障。

（二）充分把握发展机遇

国家农产品地理标志认证是白蒜产业发展过程中的重大机遇，大大提高了牌楼白蒜的品牌知名度和产业发展速度，帮助白蒜产业实现了跨越式发展。在网络直播助农的风潮中，借助直播的"东风"，实现了白蒜销路的拓展。尤其在疫情背景下，借助网络渠道，牌楼社区仍完成了全部白蒜的产销任务。所以在产业发展的过程中，要基于自身优势找准赛道，敏锐把握机遇和风潮，尤其是政策机遇，从而帮助自身实现快速发展。

（三）坚持走高质量发展道路

高质量是新时代的发展要求。农村在发展的过程中要创新科学思维，提高农产品科技含量，提高生产效率和资源利用效率，增强农业生产的风险应对能力，综合运用多种技术手段增产增收，把"饭碗"牢牢端在自己手中。

宅基地制度改革的昆山探索

昆山市先后承担国家闲置宅基地盘活利用改革试点、农村宅基地制度改革试点等工作，积极探索宅基地盘活利用途径，规范宅基地管理，建立健全宅基地使用权流转机制，稳慎探索宅基地如何赋权扩能，推动闲置宅基地盘活利用，保障农民宅基地基本权利。

▶▶ 一、基本概况

昆山市位于江苏省东南部，地处上海与苏州之间，北至东北与常熟、太仓相连，东与上海市嘉定区、青浦区交界，西与苏州市相城区、吴中区、工业园区接壤。昆山是"百戏之祖"昆曲的发源地。2019 年，昆山市获批农业农村部全国农村改革试验区，承担闲置宅基地盘活利用改革试点工作。围绕改革试点要求，昆山市积极探索宅基地盘活利用途径，建立健全宅基地使用权流转机制。2020 年，为深入探索昆山市农村宅基地制度改革现实路径，规范昆山市农村宅基地管理，保障农民相关权益，昆山市积极申报并获批全国第二轮宅基地制度改革试点县，围绕完善宅基地所有权行使机制等9项改革试点任务，开展了相关改革探索，初步建立了以规范程序为基础的宅基地管理制度、以信息化为基础的宅基地确权制度、以解决矛盾为导向的宅基地流转制度，并打造了个性盘活、组团盘活、合作盘活、整体盘活等一系列闲置农房和宅基地的盘活利用样板。

二、主要做法和成效

（一）周密部署，健全宅基地管理新机制

农村宅基地是农民的基本生活资料和重要财产，也是农村发展的重要资源，事关农民切身利益和农村社会稳定发展大局，推动宅基地制度改革是深化农村改革的重要内容。

1. 建立改革试点工作体系

昆山市制定了《昆山市农村闲置宅基地盘活利用改革试点工作实施方案》，结合宅基地制度改革试点，成立了由市委书记、市长任双组长的全市农村宅基地制度改革试点领导小组，组建工作专班，统筹推进宅基地管理和闲置宅基地盘活利用改革工作。

2. 健全宅基地管理工作机制

昆山市印发了《昆山市农村宅基地改革和管理工作联席会议制度》，明确宅基地改革和管理会商机制，为解决宅基地改革重大问题奠定基础。

3. 明确宅基地管理工作职责

昆山市制定《关于加强和规范农村宅基地管理工作实施办法（试行）》，明确部门、区镇、村集体经济组织宅基地管理职责，指导区镇建立宅基地联审联办协调机制及宅基地管理和改革协调机制；制定了《昆山市区镇集中行使农村村民非法占用土地建住宅行政处罚权试点工作方案》，推动区镇开展宅基地执法工作试点，加强基层宅基地监管能力；制定了《昆山市农村宅基地管理示范章程（试行）》，指导村级集体经济组织有效行使宅基地所有权，落实村级宅基地管理责任。

（二）全域推进，搭建宅基地管理新基础

1. 促进宅基地面貌更新

昆山市坚持规划引领村庄建设，完成新一轮镇村布局规划。同时根据实际需求，累计启动31个行政村开展"多规合一"实用性村庄规划编制工作，规范开展农房更新，坚持"一户一宅，建新拆旧"原则，全市农房已翻建完成16072户，在建2298户，占全市可翻建农房的56.5%。

2. 明晰宅基地价值权属

昆山市推动土地资源分等定级，价格评估和监测制度由城镇扩展至乡村，明确全市宅基地四档土地级别的范围、地面基准价格。推进农村"房地一体"不动产登记工作，对存量未登记宅基地通过三级确认程序和历史遗留问题处置意见妥善进行登记。全市完成"房地一体"农房登记颁证1.3万余宗。

3. 推进宅基地信息化建设

昆山市开展宅基地基础信息调查，制定了《昆山市农村宅基地基础信息专项调查工作实施方案》，完成全市11个区镇宅基地宗地航飞建模和外业勘丈，初步梳理出4.6万宗地，5个镇1.5万宗宅基地完成户内成员信息匹配工作。

4. 建设宅基地信息化管理系统

昆山市构建宅基地审理、流转线上管理模块，推进宅基地信息"一张图"管理，目前全市7个镇2.2万宗宅基地实现了宗地信息上图，3个镇基本实现了宅基地宗地信息、权属信息的"一张图"展示。

（三）政策引领，构建宅基地管理新体系

1. 建立宅基地管理制度

昆山市通过制定宅基地管理工作实施办法，明确了宅基地申请审批流程，加强对宅基地的长效监管；通过制定示范章程，指导各农村集体经济组织制定宅基地管理章程，规范开展相关工作。

2. 建立宅基地确权制度

昆山市初步制定了《昆山市农村宅基地资格权管理指导意见（试行）》，明确农村村民宅基地资格和农村宅基地资格户的认定标准和程序，启动了宅基地资格户数据库建设，落实宅基地的农户资格权。

3. 建立宅基地流转制度

昆山市制定了《昆山市农村宅基地使用权流转办法（试行）》，完善宅基地转让、互换、继承、出租、入股、合作经营6类宅基地使用权流转规范程序，实现宅基地合法、有序、规范流转。

4. 探索宅基地有偿使用和退出制度

昆山市初步制定了《昆山市农村宅基地有偿使用指导意见（试行）》，对宅基地资格户超面积占用等情况实行有偿使用制度，结合宅基地基准地价，建立有偿使用标准，明确征收主体和方式，保障村民和集体双方的合法权益。通过定销房置换推进宅基地使用权退出工作，结合城镇规划，推动非保留村庄村民通过预拆迁，合理评估房屋和土地价值并置换城镇商品房工作，在充分保障农村村民基本居住条件的前提下，有效腾退农村闲置建设用地资源。

（四）赋权扩能，打通宅基地盘活利用新路径

1. 规范闲置宅基地出租程序

昆山市通过梳理申请、交易流程，制定合同，发布示范文本，规范宅基地出租程序，积极打通闲置宅基地和农房线上流转渠道；通过江苏省农村产权交易平台，运用"区块链"技术完成全省首笔闲置农房使用权线上流转交易，颁发农村产权流转交易鉴证书，实现交易规范化、闭环化。

2. 赋予闲置宅基地盘活利用金融支持政策

昆山市积极对接地方金融机构，推行农民建房贷款，为农房翻建提供金融信贷支持，推动农民住房条件改善。制定《昆山市农民住房财产权（宅基地使用权）抵押贷款管理办法（试行）》，发布农民住房财产权（宅基地使用权）和农民住房（含宅基地）使用权抵押信贷产品，解决闲置宅基地盘活利用资金问题。

3. 加强对农村新产业新业态项目的指导

昆山市完成《关于促进昆山市旅游民宿规范发展的实施细则（试行）》修订工作，建立公安、住建、市场监管多部门联合验收机制，加快乡村民宿备案登记工作，实现宅基地盘活利用项目的规范化管理。

三、经验启示

昆山市以建立宅基地管理机制体制为基础，通过对宅基地进一步赋权扩能，鼓励农村村民和集体有效利用闲置宅基地资源，结合区域产业特色和资源优势，打造一批具备区域特点的闲置宅基地盘活利用样板。

（一）"个性盘活"改善生活品质

昆山市以集体的名义成立资产经营公司，为建房户提供建房贷款担保，

支持经济困难农户翻建农房,翻建完成后,在保留农户基本居住房间的基础上,由资产经营公司对闲置房间进行招租,每月获取的房租偿还贷款。目前"个性盘活"的农户平均每月可获取房租收入 4000 元,待建房贷完全偿还后,这笔租金将成为农户一笔稳定的财产收入。

(二)"组团盘活"助力农民增收

昆山市以"合作社+农户+第三方"的形式,组团盘活利用闲置宅基地,提升资源竞争力。淀山湖永新村由村集体成立农业观光专业合作社,村民以房屋评估后折价的形式入股合作社,由合作社统一招商引资,引入有实力的第三方发展民宿旅游、餐饮服务等产业。目前全村已有 8 户村民将农房入股合作社。通过"组团盘活",农户获得了稳定的租金收入,第三方也因有合作社担保而敢于开展长期投资建设。

(三)"合作盘活"发展集体经济

周庄祁浜村通过加强村企合作,由村集体与国有资本成立周庄乡村旅游公司打造民宿项目,村集体向农户收储了 14 幢闲置农房,国有资本负责旅游运营管理,所得利润按相应比例给村集体分红,有效增加了集体经济收入。

(四)"整体盘活"推动产业升级

淀山湖南榭麓自然村 17 户农户统一通过协议置换定销房,腾退出 12.5 亩空闲集体建设用地,由淀山湖强村公司作为主体,依托"一村二楼宇"政策,通过协议流转将土地改变成集体商业用地,新建 15 幢民宿及 2 幢配套用房,引入第三方运营团队,共同打造精品民宿项目。2021 年,在新冠疫情的不利影响下,公司仍实现营收 700 万元,为淀山湖乡村旅游提供了高品质的配套支持。

推行"政经分开"改革，提升治理效能

昆山市以实施乡村振兴战略为切入点，积极探索推进城乡基本公共服务均等发展的新路子。昆山市坚持率先探索、全域推行农村"政经分开"改革，在稳步提升城市公共服务水平的同时，加大公共资源向农村倾斜的力度，促进资源均衡配置，切实推动城乡公共服务均等化和融合发展，促进富民增收。

▶▶ 一、基本概况

昆山市位于江苏省东南部，作为苏南经济相对发达地区，已连续多年位居全国县域经济发展前列。昆山市区域面积931平方千米，下辖3区8镇，164个行政村（涉农社区）。昆山市先后获得全国综合实力百强县市、全国绿色发展百强县市、全国新型城镇化质量百强县市、中国智慧城市百佳县市等荣誉称号。

二、主要做法和成效

（一）明确改革方向

1. 贯彻上级要求

昆山市认真贯彻落实上级要求，认真研读相关文件。2019年，中共中央办公厅、国务院办公厅印发《关于加强和改进乡村治理的指导意见》，明确建立以基层党组织为领导、村民自治组织和村务监督组织为基础、集体经济组织和农民合作组织为纽带、其他经济社会组织为补充的村级组织体系。这一指导意见为推进农村"政经分开"改革指明了方向。

2. 昆山主动作为

作为全国改革开放18个典型地区之一和全省开展社会主义现代化建设6个试点单位之一，昆山市始终秉持"敢于争第一、勇于创唯一"的理念，在全国县域经济版图中始终发挥着排头兵、领头羊的作用。特别是在农业农村发展进程中，试点单位可能会更早遇到发展中的难题甚至"无解题"，昆山市先行先试，走在全国前列，在全域推开农村"政经分开"改革，为江苏省乃至全国探索出一条具有积极参考意义的"昆山之路"。

3. 满足发展需求

首先，在城市建设资源紧张状态下，各级实际支持农业农村产业发展要素供给不足，造成农村集体经济增速放缓、转型发展方向不明朗等，间接影响农民分红收入。其次，面对农村基本公共服务项目内容不明确、区镇之间公共服务标准不统一、村集体资金承担的农村人居环境整治工作等公共服务支出压力过大等问题，区镇希望出台一些扶持支持政策，提高乡村基本公共服务供给标准。最后，随着新型城镇化的加快推进，撤村并居使得部分村改为社区，原集体经济组织与社区服务职能不分的管理体制显得不相适应。人员、机构、职能的混淆不清，给农村基层治理及集体经济发展带来了一系列问题，迫切需要理顺基层运行机制体制。

（二）强化改革谋划

1. 加强组织领导

昆山市成立推进农村"政经分开"改革工作领导小组，由市委、市政府主要领导任组长，市委分管副书记任常务副组长，高位推动改革工作有序开展。各区镇、城市管理办事处全部成立工作机构，具体负责推进工作。

2. 健全政策体系

昆山市多次专题召开全市农村"政经分开"改革工作部署会议，印发了《昆山市农村"政经分开"改革工作实施意见（试行）》《昆山市进一步加强村干部队伍建设的意见》《农村基本公共服务项目清单和财政支出标准的意见（试行）》等"1+3"系列政策体系，为推进改革制定了行动指南。

3. 加强统筹联动

昆山市委组织部切实加强农村基层党组织建设，进一步优选配强村干部队伍；市农业农村局切实加强农村集体资产财务管理，进一步激发新型集体经济发展活力；市民政局切实加强基层自治组织建设，进一步探索创新村民议事机制；市财政局切实加强农村基本公共服务标准化建设，进一步加大财政转移支付投入。

（三）深入推进改革

1. 组织功能分开

昆山市切实厘清农村基层自治组织和农村集体经济组织之间的权责边界，即农村集体经济组织负责发展村级集体经济，村委会重点负责村务管理和提供优质公共服务。在全省率先探索建立全市农村基本公共服务项目清单和支出标准，包括行政管理类、社会公益类、村民福利类3大类22个具体项目，发布昆山市农村基本公共服务项目清单及财政支出标准（2022年版）。

2. 选民资格分开

昆山市严格按照村（居）民委员会组织法规定，选举产生村（居）民委员会成员；按照章程，选举产生农村集体经济组织党员大会、党支部委员会、党小组会"三会"成员。2020年，按照登记赋码要求，昆山市196个农村集体经济组织名称已全部由"社区股份合作社"变更为"股份经济合作社"。2021年，出台全省首个《农村集体经济组织换届选举办法》，全市农村集体经济组织已完成"三会"组织换届选举，股份经济合作社理事长全部由村书记兼任。

3. 人员管理分开

昆山市对村"两委"和农村集体经济组织的干部选任、撤免、任期、职责、考评、考核、薪酬等进行分开管理。农村集体经济组织根据章程和市场经营管理模式，由理事会制订管理人员薪酬方案。

4. 议事决策分开

村"两委"和农村集体经济组织根据职责需要,科学制定各自的议事制度,明确各自的决策程序和权限,尤其是对涉及村的重大事项和重要问题,保证决策科学民主。农村集体经济组织成立监事会,负责监督集体资产使用和收益分配。

5. 财务核算分开

村(居)民委员会和农村集体经济组织的财务核算分开设置账簿,分别设立村(居)民委员会行政账户和集体经济组织账户,实行财务核算分开,各自开展财务管理。

三、经验启示

通过农村"政经分开"改革,昆山市建立了包括功能配置、运行维护、资金承担等在内的多项标准化体系,农村体制机制进一步完善,公共服务均等化和标准化水平有效提升,促进了乡村治理体系和治理能力的现代化,提升了村民的获得感、幸福感。

(一)坚持党建引领

昆山市配套出台《昆山市进一步加强村干部队伍建设的意见》《关于进一步规范村干部管理考核的指导意见(试行)》,调整村干部基本报酬标准,进一步加强基层党组织建设,完善规范村干部考核内容和考核办法、报酬管理相关制度。全面推行村干部积分管理,提升村干部工作能力和水平。全面推行"一人一委一网"和"一单一图一环"村级"小微权力"清单制度,加强村务监督委员会规范化建设。提升网格治理效能,深化警务综治"双网融合",全市324个村(社区)建成网格化联动工作站。

(二)规范集体资产管理

昆山市出台了27项农村集体"三资"管理规范性、指导性政策文件,推动建成农村集体"三资"智慧管理平台,完成昆山智慧e阳光平台扩围升级,惠及全市市镇村三级共计200家组织、14.8万个用户。持续开展清缴欠租工作,积极探索村集体抱团联合发展模式,鼓励村集体经济组织全部参与对外投资,以区镇为单位,成立11家村级经济联合体,资产规模达61.34亿元。

（三）提升农民分红

昆山市做足资产、资源、资本文章，大力拓宽村级集体经济增收渠道，完善利益联结机制，努力促进农民增收。2021 年，全市股份经济合作社实现农民分红金额 1.95 亿元，比改革前的 1.12 亿元增加 0.83 亿元，增长 74.1%，累计分红 9.81 亿元，惠及 14 多万户农户，农民分红规模位列苏州市前列。

（四）普惠公共服务

为加快补齐镇村基础设施短板，近年来，市级财政加大了对农村公共服务的投入，累计拨付农村基本公共服务开支 7.68 亿元，2021 年财政转移支付占村级可支配收入的 55.5%，有效支持包括农村人居环境整治在内的农村基本公共服务各项目支出，农村生活环境质量显著提升。加大对乡村教育资金投入力度，建成投用各类学校 85 所，新增学位 6.8 万个。新改扩建社区卫生医疗机构 33 家，建成省示范社区卫生服务站 20 家。基本医疗保险参保率达 99%以上。建立全民覆盖、普惠共享的养老服务体系。大力实施"老有颐养三年提升工程"，打造"9064"［90%的老人在社会化服务协助下通过家庭照料（居家）养老，6%的老人通过购买社区照顾服务（日间照料）养老，4%的老人入住养老服务机构集中养老］养老服务体系。加快推进农村基础设施提档升级，全覆盖完成无害化公厕改造，农村生活污水治理率达 92.7%，生活垃圾分类覆盖率达 100%。

（五）美化乡村环境

昆山市在农村"政经分开"改革后，理顺了乡村公共服务承担主体，高标准完成美丽乡村建设任务，建成省级特色田园乡村 6 个、特色康居乡村 2 个。创建省级美丽乡村 4 个、苏州美丽村庄 14 个、苏州三星级康居乡村 216 个。大力实施农村人居环境整治三年行动，开展农村人居环境整治"进步奖"和"黑榜村"转化帮扶行动，开展百日攻坚专项行动、美丽庭院创星行动，有效推动农村人居环境和农村基础设施提档升级，扎实推进农村建房工作，共有 12692 户农村家庭翻建了房屋。

培育新型职业农民，助力昆山人才振兴

昆山市深入贯彻落实中央和江苏省、苏州市关于新型职业农民培育工作的有关要求，以"产业有人才、养老有保障、农民有技能、服务有组织、经营有效益"为目标，以提高农民综合素质和从业技能为核心，以推动主导、特色产业提质增效为导向，通过加强新型职业农民培育体系建设，创新培育机制和扶持政策，助力昆山人才振兴。

▶▶ 一、基本概况

昆山位于苏州市东部，与上海相距甚近，2021年实现地区生产总值4748.1亿元，连续17年位居全国综合实力百强县之首。2021年第一产业增加值为34.81亿元，占地区生产总值的0.73%，耕地面积23.61万亩，常住人口209.2万人，农村劳动力1.56万人。2012年，昆山市入选农业农村部确定的首批新型职业农民培育试点县。2015年，昆山市政府颁布《昆山市新型职业农民培育工程实施方案》。2018年8月，农业农村部、自然资源部等8

个部委再度联合批复，确认昆山市承担"探索建立新型职业农民制度试点"国家级农村改革试验任务，成为全国4个试点地区之一。试点以来，昆山市先后制定教育培训、认定管理、跟踪服务等一系列政策文件，通过定向委托培养、成人高等学历教育，把大学生培养成高素质农民，把高素质农民变成大学生，培养优秀农业农村人才。截至2021年底，昆山市累计认定新型职业农民1777名，其中大专及以上学历占比达到40.7%，45周岁及以下人数占比达到66.2%。

二、主要做法和成效

（一）激励型培育——评选农业乡土人才

昆山市在省内率先开展乡土人才评选活动，创新出台《昆山市乡土人才评选暂行办法》，推选一批优秀乡土人才成为劳动模范、人大代表和政协委员；制定昆山市乡村振兴人才评选办法（讨论稿），在高素质农民队伍中培育一批高层次农业生产经营"领头羊"；举办"昆农匠"技能比武，通过农业知识竞赛、农业人才评选、职业技能比武、农产品评比等活动，打造产业名人和品牌代言人，提升产业影响力和竞争力。

（二）互助型培育——组建乡土专家服务团

昆山市选拔奉献精神好、群众基础好、服务意识好、专业素养好、产业发展好的"五好"乡土专家，组建专家团，按照服务时间不分白昼、服务地点不分远近、服务对象不分亲疏、服务场所不分内外、服务回报不分取舍的"五不分"标准，对农民进行互助帮扶。目前乡土专家团已有专家32人。同时开展高素质农民乡土专家服务团"结对帮扶"行动，在水稻、果树、蔬菜、花卉、水产等主导产业领域遴选重点帮扶对象，实施精准技术"扶贫"。

（三）提升型培育——分级认定高素质农民

昆山市出台《昆山市新型职业农民认定管理办法（试行）》，细化认定标准，按照农民自愿原则，分经营管理型、专业生产型、技能服务型认定新型职业农民。制定《昆山市中高级新型职业农民（生产经营型）评审细则》，按照文化程度、教育培训情况、生产经营规模、辐射带动能力和生产经营效益，分初、中、高三级认定新型职业农民并建立名录，分类开展培育。

（四）专业型培育——高素质农民职称评审

昆山市农业农村部门联合人社部门开展专门针对高素质农民的职称评审工作，坚持"把论文写在大地上"的原则，注重实际技能和业绩，放宽评审条件，鼓励高素质农民队伍积极申报农业技术职称，坚持业绩能力导向，更加注重个人的工作实绩、技术水平和示范带动作用，符合条件的高素质农民不受学历、论文等条件限制。首次评出 19 名高素质农民助理农艺师和水产工程师。

（五）素能型培育——提升高素质农民学历层次

昆山市出台《昆山市农业专业人才定向培养实施细则》，联合苏州农业职业技术学院、江苏农牧科技职业学院定向培养农业委培生，学生毕业后在高素质农民岗位工作可享受 2 万元学费补助。制定《昆山市高素质农民成人学历教育实施方案》，鼓励高素质农民参加南京农业大学等高校的函授本科及大专学历教育，取得学历证书后给予一次性 100% 学费补贴。

（六）竞技型培育——举办创业大赛和技能比武

昆山市积极举办农业农村创业创新大赛、十佳新型职业农民创业之星评比、插秧机技能竞赛等活动，激发各类农业农村人才干事创业的热情，形成以创新带创业、创业带就业、就业带增收的良性互动局面。强化宣传激励，通过报纸、网络等媒体开展宣传报道，组织汇编《昆山市新型职业农民创新创业故事》《昆山市农业农村创业创新项目优秀典型案例》，树立农业农村创业创新先进典型。

（七）典范型培育——组织开展十佳高素质农民评选

十佳高素质农民评选活动通过选手路演、查阅申报材料、专家提问等环节，由专家及大众评审进行综合打分，根据选手得分情况评选出十佳高素质农民。十佳高素质农民每人奖励 10 万元。十佳高素质农民评选活动的开展，使更多的新农人脱颖而出，更好的新创意不断涌现，更优的新成果充分转化，在促进农业农村高质量发展方面发挥了积极作用。

（八）行规型培育——制定高素质农民守则

昆山市出台《昆山市高素质农民守则》，该守则作为高素质农民职业操守准则，规范职业农民的生产经营行为，提升职业农民的职业道德素养，促进职业农民自觉履行相应的责任与义务。同时，建立惩戒机制，将开展非法营利活动、制造农产品质量安全事件、破坏生态环境等失信人员列入黑名单。制定区镇考核制度，出台《昆山市镇级新型职业农民培育工作考核制度》。明确乡镇农业农村部门工作任务，夯实培育责任。

（九）实战型培育——建设农民田间学校

昆山市按照"科技引领、规模适中、效益显著"的原则，选择14个主体作为农民田间学校（实训基地），把培训搬到农民田间学校，做到操作训练有阵地、学习观摩有场所。昆山市目前拥有国家级（省级）田间学校1所，苏州市示范性田间学校3所，昆山市示范田间学校10所。通过建设农民实训基地与田间学校，将农民培训由封闭式教学向答疑式培训转变，突出培训实用性，将授课老师灌输式授课向互动式交流转变，突出学员参与性。

（十）扶持型培育——优化金融补贴政策

昆山市为完善融资政策，出台《城乡居民创业小额贷款和种养业贷款发放工作操作办法》，鼓励高素质农民创新创业。设立"昆农贷"，资金池5000万元，为家庭农场和农民合作社提供低成本、较便利的贷款服务。开展高素质农民社会保险补贴，实行"先缴后补"、按年发放政策，按照实际从事职业农民岗位工作月数计算、发放社保补贴。

昆山市通过十种类型的高素质农民培育工作，累计培育高素质农民8390余人次，认定新型职业农民1777名。累计培育江苏省农业类乡土人才16名、苏州市农业类姑苏乡土人才8人、苏州市十佳新型职业农民3人。推荐15人当选昆山市级以上人大代表和政协委员。评选昆山市农业类乡土人才32名、新型职业农民乡土专家32名。定向培养农业委培生184人，组织313名新型职业农民免费参加高等成人学历教育。"探索建立新型职业农民制度"全国试点项目获评江苏省农村改革试验十周年30个典型案例和江苏省政府农业技术推广奖二等奖，"农民高等学历教育案例""'品牌建设+教育培训'融合培育高素质农民案例"获评全国农民教育培训典型案例。这十种类型的高素质农民培育工作在苏州市得到了各级政府的认可，得到社会和广大农民的好评，中央农业广播电视学校有关领导对昆山市的农民培育工作给予了高度肯定。

三、经验启示

（一）加强组织领导

坚持党管人才原则，把高素质农民培育工作纳入乡村振兴总体布局和农业农村发展规划。成立政府统筹、农业农村部门牵头、相关政府部门共同参与的高素质农民培育工作领导小组，共同制定相应的扶持政策和奖励措施。充分发挥农业广播电视学校等培训机构作用，强化体系联合、资源共享，确保高素质农民培育工作事有人抓、活有人干、责有人负。

（二）加大财政支持

推动"人才金融"向高素质农民队伍延伸，鼓励金融机构开发针对高素质农民创新创业的定制化金融产品。由地方财政出资发放社会保险补贴，解决高素质农民的后顾之忧。开展免费的全日制学历教育和成人高等学历教育，培养农业委培生和农民大学生。

（三）创新培育措施

建立高、中、初级高素质农民分级认定制度，构建高素质农民差异化人才培养体系，分层次分产业开展教育培训工作。开展高素质农民高等学历教育，提升农民职业素养，满足长远发展的需要。建立职称评审绿色通道，实现产业链上培养人才、生产实践中提升人才。制定职业操守准则，提升高素质农民的职业道德素养。

（四）选树先进典型

通过开展乡土人才、十佳高素质农民评选和举办创业大赛、技能比武等活动，评选高素质农民的先进楷模，对于获奖的选手给予奖励激励，提高他们的职业获得感。大力宣传高素质农民先进事迹，逐步强化"农业经营有效益、农业产业有奔头、职业农民很体面"的舆论导向，真正"留住一批、吸引一批、提升一批"高素质农民青年骨干。

张浦小黄桃，做足大文章

张浦镇以市场需求为导向，积极把种植黄桃、发展黄桃产业作为调结构、促增收的重要战略举措。通过政策扶持、技术培训、示范推广、服务指导等手段，不断提升黄桃产业化水平；立足实际，因地制宜，着力打造"张浦黄桃"品牌形象和响亮名片，不断提升张浦黄桃的品牌效应；强化"张浦黄桃"地理标志农产品的保护监管，严厉查处侵权违法行为。通过不断努力，张浦镇实现了黄桃规模化种植和标准化生产，走出了黄桃产业助力乡村振兴的张浦路径。

▶▶ 一、基本概况

张浦镇位于江苏省昆山市，地处上海、苏州、昆山之间的三角地带，是长江三角洲对外开放的重要城镇之一。镇域面积109平方千米，下辖13个社区、15个行政村，有甲鱼、西瓜、蘑菇、花卉苗木、传统水产、无公害粮油六大农业特色产业。张浦黄桃是昆山张浦地区的传统特色农产品，生产地属亚热带季风性湿润地区，四季分明，气候温和，光照充足，土层深厚且有机质含量高，适合黄桃生长。张浦黄桃以锦绣黄桃为主，通过起垄栽培抬田降渍、桃园生草改良土壤、增施有机肥适期追肥、疏果套袋合理负载、病虫害绿色防控等技术，提高黄桃产量和质量。黄桃果实呈椭圆形或尖圆形，单果重300~350克，果面金黄色，果肉黄里透红，色味俱佳。与其他黄桃产区相比，张浦地区生产出来的黄桃果实大、果核小、汁液多、肉质紧实、果型好，品质上乘。400余年的黄桃种植历史及30余年的锦绣黄桃种植经历，使"张浦黄桃"成为苏州市甚至是江苏省家喻户晓的品牌。

（一）张浦黄桃的种植历史

黄桃是张浦镇的传统特色农产品，张浦镇黄桃种植历史久远。据明代诗人王衡的《东门观桃花记》可知，早在400年前，苏州地区已有桃树栽培。20世纪80年代初，张浦镇率先从上海引进锦绣黄桃，种植面积逐渐扩大，黄桃种植产业开始进入快车道。1987年，张浦镇充分发挥当地资源优势，按照"串点成线、连线成面"的发展思路，以片区发展为重点，率先引种锦绣黄桃680亩，建立昆山市第一个黄桃生产基地。1988年桃园面积增至716亩，产果品1.1万千克，产值14000元。1992年，张浦黄桃被苏州市授予"锦绣黄桃"荣誉证书，同时被评为"早期丰产栽培技术"三等奖。

（二）张浦黄桃的社会知名度

进入21世纪以来，张浦镇及其黄桃品牌及其产地获得了多项国家级、省级和市级荣誉：2010年取得张浦黄桃商标注册证；2011年张浦黄桃获得苏州名牌产品证书；2015年张浦镇商鞅梨业专业合作社被评为江苏省巾帼示范专业合作组织；2016年张浦镇三家村桃园被授予省级巾帼示范基地；2018年张浦镇三家村被评为"一村一品一店"示范村；2020年张浦黄桃成功申报国家地理标志农产品。现如今，张浦黄桃种植面积近3000多亩，平均亩产控制在1300千克左右，亩均净效益超万元，年总产量在4000吨左右，产值约7500万元。目前，张浦黄桃已成为张浦农民增收的一项重要优势产业。

（三）张浦黄桃的发展前景

近年来，张浦镇把乡村旅游作为乡村振兴的新引擎，整合旅游资源、创新旅游活动、优化旅游环境，全力推动乡村旅游蓬勃壮大，全面助力张浦乡村振兴。黄桃产业作为张浦镇果业发展的排头兵，在全镇农业产业发展中具有标兵作用，省、市领导对张浦黄桃产业的发展非常重视。为促进黄桃产业良性发展，张浦镇立足实际，以农村一二三产业融合发展为导向，聚焦优质黄桃特色产业，积极推动生产、贮藏、加工和销售一体化融合发展，帮助桃农进行果品销售，努力把好质量关，着力打造"张浦黄桃"品牌形象和响亮名片，黄桃产业已成为张浦镇农业产业转型升级中一个新的增长点。在不久的将来，随着黄桃产业的发展壮大，作为国家地理标志的"张浦黄桃"将走出一条更为宽广的康庄大道。

二、主要做法和成效

（一）国标加身，品牌效应逐步凸显

1. 打造特色品牌

为擦亮"张浦黄桃"这块金字招牌，张浦镇紧紧围绕优势和特色农业产业发展需要，积极挖掘本地优质特色农业资源，真正让"张浦黄桃"成为本地农民的"摇钱树""致富果"。张浦镇授权昆山市张浦镇三家村农地股份专业合作社、昆山市张浦镇侬富食用农产品商行、昆山市张浦镇尚明甸村农地股份专业合作社、昆山市新龙生态农庄有限公司等8家黄桃生产基地使用"张浦黄桃"国家地理标志。

2. 促进产业发展

在产业发展示范方面，张浦镇对从事黄桃生产的优秀企业、合作社、新型经营主体等都给予政策倾斜，指导其规范建园，着力打造优质黄桃生产标准示范园，通过以点带面的示范带动作用，提升全镇黄桃生产技术水平。

3. 接受专业指导

张浦镇邀请省内外专家实地指导，为黄桃产业发展把脉，提供发展建议，及时找出黄桃产业发展中遇到的瓶颈、难点和问题，促进黄桃产业可持续发展。

（二）质量兴农，品质优秀铸牢招牌

1. 种植规模化

张浦黄桃种植基地远离工业园区，生态环境良好，光照充足，排灌方便，土质疏松肥沃。近年来，张浦镇加大投入，不断完善桃园硬件设施，提升桃

园"颜值"，有力推进黄桃种植基地提档升级。

2. 管理精细化

张浦黄桃采用大行距、透光性栽植模式，保证桃树通风透光；施肥以有机肥、测土配方肥为主，配施缓释肥，减少化学肥料的施用量，提升果实品质。在定植、施肥、修剪、疏花疏果、病虫害防治和产品采收包装等方面，张浦黄桃形成了一套标准化的栽培技术和商品化生产体系。

3. 防治绿色化

张浦黄桃积极贯彻"预防为主，综合防治"的植保方针。病虫害防治以农业防治和物理防治为基础，提倡生物防治，采取剪除病虫枝、清除枯枝落叶、地面覆膜、科学施肥等措施抑制或减少病虫害发生。根据病虫害生物学特性，采取糖醋液、黑光灯、性诱剂、防虫网等方法诱杀害虫，辅助使用生物农药，不使用高毒高残留农药。

（三）加强监管，多措并举规范用标

1. 专题会议强监管

张浦镇组织召开"张浦黄桃"地理标志农产品包装盒用标评定会议，严格做好"张浦黄桃"地理标志管理，督促相关农业企业、合作社、种植大户正确使用地理标志。

2. 实地走访重引导

张浦镇对商标申请者开展实地考察工作，了解桃园生态环境、生产过程、农药使用等情况，引导其改善生产环境，提升果品品质。组织人员对黄桃开展抽样检测，保证黄桃品质，提升品牌价值。

3. 加强保护提品质

张浦镇对"张浦黄桃"地理标志使用实行事中、事后监管，开展"双随机、一公开"抽查，检查地理标志使用是否规范。

三、经验启示

（一）坚持党建引领

1. 统筹规划生产

张浦镇推进"书记项目"任务书工作，通过党建引领，推动"张浦黄桃"地理标志农产品提质增效。对地理标志农产品发展进行规划引导，组织开展"张浦黄桃"地理标志农产品包装盒用标评定会议,规范使用地理标志产品名称、专用标志,推动张浦黄桃规模化、标准化、品牌化生产。

2. 持之以恒发展

张浦镇立足地理标志品牌发展,强化政策引领、质量监管,完善农产品质量追溯体系建设,不断把地理标志资源转化为品牌优势,进一步扩大"张浦黄桃"影响力和知名度。

3. 规范用标管理

张浦镇建立保护跟踪机制,加大对违法行为的打击力度,切实维护"张浦黄桃"地理标志的声誉和品牌价值,为其发展壮大保驾护航。以党建促业务,加强对地理标志农产品保护力度,巩固"张浦黄桃"项目成果,持续推进品牌农业建设,促进特色优势产业转型升级发展。

(二)加强产业融合

坚持"黄桃+企业",依托当地鲜活果汁等农业龙头企业资源,发展黄桃深加工产业,不断延长黄桃产业链,多元化开发黄桃产品,提高黄桃产业附加值。

坚持"黄桃+农旅",将黄桃产业与旅游观光、采摘体验等有机结合起来,促进乡村旅游发展,进一步打响"张浦黄桃"品牌。全方位融入特色文化创意元素,打造"桃园人家"民宿和相关文创产品,进一步丰富"张浦黄桃"的内涵,扩大张浦黄桃的影响力。

坚持"黄桃+电商",拓宽黄桃销售渠道,通过微信转发、采摘现场直播等形式,全方位宣传推介张浦黄桃,增加销售量的同时提升品牌知名度和美誉度。

(三)强化科学种植

1. 坚持提升技术

采用桃园生草方式,改善桃园小气候,保护和利用天敌,改良土壤理化性状,不断提高土壤有机质含量,生产过程中禁止使用除草剂,为生产优质桃果品奠定基础;采用套袋技术改善黄桃果实的外观品质和内在品质,根据张浦黄桃的成熟期和生长发育特点,选用黄色单层袋或外黄内黑单层袋,防止病虫侵入,保证光洁度好、果面金黄的果实外观,提高商品果率。

2. 坚持精细管理

一是采用合适的栽植模式,保证桃树通风透光。二是减少化学肥料的施用量，提升果实品质。三是总结出一套标准化的栽培技术和商品化生产体系，实施系统化的黄桃种植管理模式，精细化管理、控制种植全过程。

3. 坚持严格监管

坚持用活黄桃这块"金字招牌"，强化"张浦黄桃"地理标志农产品的保护监管。通过专题会议、实地走访等方式进行监管，对于违规使用地理标志的行为采取严惩措施。联合市农业综合执法大队严厉查处假冒、伪造"张浦黄桃"地理标志等侵权违法行为，坚决做到查处一个、警示一批、教育一片、规范一方。

打造美丽香村，谱写田园牧歌

祁浜村三株浜自然村立足临近古镇、水乡腹地的区位优势，围绕水稻种植、主题民宿的产业特色，河网纵横、村田相簇的生态特色，农耕文化、水乡民俗的文化特色，整合利用资源，创新特色模式，发挥特色优势，成功打造了江苏省首批特色田园乡村，打响了"香村·祁庄"特色旅游品牌，为全面推进乡村振兴进行了积极探索，作出了积极贡献。

▶▶ 一、基本概况

三株浜自然村位于昆山市周庄镇祁浜村西南部，同周公路以北，北临天花荡、明镜荡，南接太史淀，面积70万平方米，距周庄古镇景区车程8分钟，离高速公路出口3分钟。三株浜自然形态优美，地理位置独特，依河而存、因水成村，是典型的江南水乡古村落。2017年7月，三株浜被列入省级特色田园乡村建设试点。2019年6月，三株浜特色田园乡村建设试点顺利通过苏州市级验收；10月，顺利通过江苏省级验收；10月18日，被苏州市委办、市府办命名为苏州市特色田园乡村精品示范村；11月8日，被江苏省特色田园乡村建设工作联席会议命名为江苏省第一批次特色田园乡村；同年，三株浜村作为苏南唯一典型被省厅推荐到江苏卫视《向总书记汇报》栏目。近年来，三株浜先后获得中国优秀国际乡村旅游目的地、江苏省乡村振兴旅游富民先进村、江苏省乡村旅游重点村等荣誉称号。

▶▶ 二、主要做法和成效

（一）创新特色模式，加强协调推进

1. 强化党建引领

三株浜建立"红'祁'飘扬"党建品牌，以行动支部凝聚党员力量，村"两委"班子带领老党员、老干部深入百姓家庭，从清理杂物、修整菜地庭院到向村民宣传政策、描绘前景，推动建设工作顺利推进。发扬"吃讲茶"特色民俗，在基层党组织带领下，组织老党员、老干部、老模范、大学生村官积极参加，以"吃讲茶"为平台加大宣讲力度，密切党群联系，调解邻里矛盾。

2. 强化组织领导

周庄镇按照尊重、利他、还原、共享方式，坚持政府主导、村民主体、市场参与原则，采用"综合营建"模式联动推进特色田园乡村试点建设进程。2017年9月，成立特色田园乡村建设领导小组及办公室，镇党委书记、镇长分别任总指挥、副总指挥；2018年1月，成立项目推进工作组，分设基础建设组、环境建设组、农田开发组、旅游产业开发组和驻点办公室，由分管领导带领各职能部门专职人员驻村办公，实行星期一、星期三、星期五现场工作制和每周工作例会制。

3. 强化设计保障

三株浜采用分级设计模式，由江苏省城市规划设计研究院进行总体规划和整合设计，苏州科技大学设计研究院进行深化设计和建设设计，璞树空间设计师对香村驿站等进行细节设计，形成整体设计、分项设计和一、二、三期分期实施的目标设置。首创设计师提供"陪伴式服务"的形式，即设计师全程参加工作例会，参与规划、设计、施工全过程，坚持跟队设计，随时对工程上的每一处设计细节进行调整、优化，确保施工达到设计效果。

（二）发挥特色优势，整合利用资源

1. 明晰资源产权

三株浜开展房地一体农村不动产登记工作，进一步明晰乡村资源产权，保障农民合法权益，为闲置宅基地使用权流转奠定产权基础，从而推动基于闲置宅基地资源整合的乡村旅游特色民宿的兴起，充分发挥农房登记对推进农村改革创新和乡村振兴的促进作用。

2. 撬动社会资本

三株浜引入江苏水乡周庄旅游股份有限公司，与农户签订农房租赁协议，盘活利用闲置宅基地，建设特色民宿，构建"旅游+N"模式，建立市场主体、村集体和农民之间紧密的利益联结机制：一方面，集中少量市场资本打造示范性项目，撬动乡村整体土地资源价值提升；另一方面，启动相关配套设施建设与改造，提升游客体验的同时改善乡村面貌。

3. 突出本土特色

三株浜在保护历史风貌与江南水乡格局的基础上，遵循尊重、利他、还原、共享的理念，拓展全域资源，形成全面布局、全境打造、全民参与的创新发展模式：一是尊重当地民俗文化、本地居民生活方式、乡村季节变化、现状地块功能构成，不做过多改变；二是建设有利于提高本地居民收入，能够增加劳动就业、填补古镇业态和拓展古镇空间的项目；三是最终呈现的效果能够还原历史文化、农耕文化、自然田园和淳朴生活。

4. 集聚服务功能

三株浜以美丽乡村和特色田园乡村建设为抓手，补齐公共服务短板，系统推进人居环境整治工作。一方面，按照规划，集中进行道路改造、桥梁修整、三线入地改造、污水管网完善等，全面改善村内基础设施面貌；另一方面，对"吃住行"各项旅游配套设施进行分级规划和分类引导，围绕村民和游客的不同需求合理配置、统一建设，全面提升农村人居环境品质。

（三）打造特色产业，促进融合发展

1. 以农业为基础延伸产业链

三株浜在特色田园乡村建设过程中充分挖掘农业农村的多元功能和价值，有效延伸产业链，促进一二三产业融合发展。坚持以农业为本，以"香村"品牌加持，从主要农产品入手，推出稻田鸭、澄湖蟹、香村桃、香村大米等；

结合水乡传统风味,逐渐丰富产品类型,推出酱渍嫩姜、多心菜、雪里蕻、酱萝卜、黄豆酱、阿婆菜、萝卜干、粽子等手工产品,让游客在不同季节都能品尝到香村的美味。

2. 以民宿为重点发展乡村旅游

三株浜根据区位优势、独特的水乡村庄肌理和未经破坏的各年代典型特色民居,梳理出村内60年代、70年代、80年代、90年代、00年代建筑,打造"年代秀"特色民宿,推出"香村·祁庄"特色旅游品牌,注入乡愁文化,恢复村里原有历史文化点,优化自然生态,打造四季田园风光,导入旅游差异化产品,建设旅游服务综合体,将三株浜打造成为集乡村民宿、乡村酒店、乡村文化体验、乡村户外运动、乡村亲子体验等于一体的乡村旅游度假产品,形成国际化、开放型文明乡村游发展新模式。

3. 以市场化运作提升项目质效

祁浜村与周庄旅游公司合作成立水乡周庄乡村旅游服务有限公司,通过市场化方式联合开展乡村旅游项目。以周庄旅游公司为主导,2018年起设立"香村·祁庄"灯区,作为海峡两岸(昆山)中秋灯会四大灯区之一,通过情景灯组展现农耕场景、乡俗文化,突出"特色田园"主题,取得热烈反响。经过这几年的发展,"香村·祁庄"品牌逐渐打响,在特色民宿、特色体验、特色农产品带动下,"香村"游呈现良好发展势头,全年接待游客由2.1万人次增加至14万人次,特色主导产业收入由2017年的53万元增长至2021年的620万元。同时,祁浜村通过周庄香村、水乡周庄微信公众号等新媒体,加大宣传推广力度,"香村"特色农产品电商销售比例达到20%。

▶▶ 三、经验启示

(一)打好"党建牌",夯实基层堡垒

在特色田园乡村建设过程中,三株浜以"红'祁'飘扬"党建工作体系为抓手,着力实施"五培"工程,即培育特色产业、培养乡土人才、培植先进文化、培优水乡生态、培强基层组织,突出发挥党建引领作用,全面促进乡村振兴;强化典型带动、先锋引领,在农家民宿、生态农业等方面,有选择地培养、发展一批有特长的典型经营户来推动乡村游发展,积极推动部分有能力的党员带头参与乡村发展,以党员示范消除群众观望情绪,引导村民广泛参与,着力发展有历史记忆、地域特色、创意亮点的乡村旅游。

（二）打好"特色牌"，筑牢产业基础

三株浜依托村庄特有的乡土、生态、文化等资源，与周庄旅游公司进行联合开发，成立乡村公司作为市场主体开展长效运营。在特色民宿建设上，依托三株浜的区位优势、独特的水乡肌理，挖掘具有年代典型印记的特色民居，不进行大拆大建，而是突出民居自有的时代感，以"年代秀"为主题打造精品民宿，以村民自愿为原则，对闲置农房的立面、庭院、室内进行改造，形成不同年代风貌的水乡民居建筑。同时，以点带面，树典型、立标杆，引导村民积极参与乡村旅游事业，引领社会资本反哺农村。

（三）打好"绿色牌"，建设宜居乡村

三株浜对村内老砖、老瓦、细竹、砂土、石头、石磨进行再利用，用旧砖瓦铺设道路、广场，用细竹做篱笆围挡，用石磨、水缸做广场装置小品。响应"厕所革命"号召，新建广场移动厕所；移动厕所采用江南水乡风格，融入水乡特色元素，并与周边环境相协调，新建的二期2A、3A旅游厕所，成为三株浜的一道风景。加强农房翻建制度管理，落实农房建设规划管控，规范审批及验收流程，引导村民根据规划方案与设计图纸进行建设；翻建过程中，采取"一户一审"办法，树立绿植围挡，提倡文明施工，不断提升农房建设质量和村庄环境。建立专职垃圾收运队伍，采购生活垃圾处理基础设施（深埋式垃圾收集装置），将有害垃圾运输至有害垃圾暂存点进行暂存，对可回收物进行资源化回收。

（四）打好"和谐牌"，促进乡风文明

三株浜围绕农房翻建、村庄环境、安全环保、民宿管理等制定村规民约。推举公道正派、信誉好、威望高的老党员、老干部和村民代表监督村规民约的执行。将党的组织生活与"吃讲茶"活动相结合，加强党员群众的互动交流，学习方针政策，讨论热点事件，协商处理村级事务，宣传特色田园乡村建设。充分挖掘香村文化，量身定制香村八景、传统民俗、美食文化、生态特征、诗词文化等墙绘内容，美化居民小品、公共变电箱，布设以手艺人和传统工艺制作为主要内容的乡村铺子，设计《香村廿画》漫画，出版《香村·祁庄》文学作品书籍，拍摄四季香村视频及宣传片，增强文化自信，展示品牌形象。开展"最美家庭""最美婆媳""党员年代秀"评选及乡贤模范事迹宣传等活动，引导村民自觉践行社会主义核心价值观。

依托砖窑特色文化，打造朱浜全域旅游新格局

朱浜村紧紧围绕"强富美高"生态人文锦溪建设目标，依托"水园田居"资源禀赋和"窑""水""农耕"特色文化，探索以砖窑文化创意为产业特色，以有机农业为主导，以乡村旅游产业、体育休闲产业为辅助的产业体系，明确乡村发展新目标、新定位，全力打造"最水乡"田园乡村风貌。朱浜村以祝甸自然村入选省级特色田园乡村建设试点为契机，积极探索乡村发展新路径，着力推动农业生产向多产融合发展，成为锦溪镇构建"一核两线三区"全域旅游新格局的重要组成部分，实现了资源优势向富民优势的有效转化。

▶▶ 一、基本概况

朱浜村位于昆山市锦溪镇西南，锦（溪）周（庄）公路中段，东临长白荡，北依明镜荡，拥有丰富的湖荡资源和底蕴深厚的文化资源。朱浜村由朱浜、祝甸、明东三个自然村组成，全村区域面积3.35平方千米，有925户，

总人口 3024 人，下设 20 个村民小组。

历史上，朱浜村曾以窑业著称，自建村以来，村民就以烧窑为业。锦溪曾有"三十六座桥，七十二只窑"的传言，其中一半以上的窑就集中在朱浜村，现存祝甸古窑址群即位于朱浜村，2006 年被列为江苏省文物保护单位。朱浜村曾先后获得江苏省休闲农业精品村、江苏省特色田园乡村、江苏省新农村新家庭计划示范村、苏州市建设社会主义新农村示范村、苏州市民主法治村、苏州市生态村等荣誉称号。

二、主要做法和成效

（一）坚持党建引领，在自治、德治、法治上下功夫

1. 加强队伍建设

朱浜村成立一线行动支部，在乡村振兴建设过程中明确责任、任务、项目"三清单"，做到人员、资金、项目部"三到位"，实现问题、进度、整改"三上图"。

2. 创新治理体系

朱浜村通过走访村里的老干部、老战士、老专家、老教师、老模范和新乡贤，倾听呼声、学习经验，精准施策；引导"意见领袖"广泛参与村庄建设和乡村治理，融洽邻里关系，促进乡村和谐。

3. 营造良好乡风

朱浜村坚持物质文明和精神文明一起抓，注重完善村规民约，大力营造良好乡风。完善村史馆、村党群服务中心和祝甸党群服务点文化设施建设。以祝甸新时代文明实践基地为载体，创新多样化文化活动形式，增强村民的获得感和幸福感。

（二）结合自身资源，在产业、创业、就业上下功夫

1. 壮大村集体收入，促进富民增收

朱浜村农地股份专业合作社充分利用村上的土地、器械等资源，有效降低农户经营的风险，农地股权分红从无到有，逐年提升。同时，通过项目工程，提高群众务工收入；通过旅游业发展，带动周边房屋出租，提高群众租金收入；通过出售采摘园有机蔬菜和开设乡村集市，提高群众农产品销售收入。

2. 推动文旅融合,铺设富民平台

朱浜村打造"金砖水乡"文化名片,让历史文化遗存转化为生产力,带动村庄转型发展。支持返乡青年回乡创业,引进一批致力乡村发展的高端人才,培育一批身上有本事、手中有绝活的"土专家""田秀才"。充分挖掘、整理、传承农耕文化、民间技艺、乡风民俗等文化遗产,定期举办"金砖水乡"乡村集市,让老手艺催生新经济,让百姓在家门口实现致富梦。

(三)推动绿色发展,在生态、生活、生机上下功夫

1. 注重生态修复,打造"水美乡村"

朱浜村始终坚持保护生态环境,珍惜自然资源,协调处理乡村和自然的关系,推动农旅融合,带动农民致富,保护水乡风貌,让农村看得见水、记得住乡愁。先后整理绿化用地2.6万平方米,新增草皮6260平方米和水生植物1015平方米,栽植草、竹色带1926平方米,增种乔木236株,新增绿篱2000米。

2. 重塑田园风光,提升人居环境

朱浜村有序推进村庄基础设施微更新和周边区域环境生态修复,加快农田集中连片整治。通过"农田整治,发展高效农业"项目梳理整治农田119亩。祝甸自然村多次获评昆山市农村人居环境整治"红榜村",明东自然村和朱浜自然村先后通过苏州市三星级康居村验收。

▶▶ 三、经验启示

朱浜村积极探索乡村振兴发展实践,擦亮"金砖水乡"品牌,依托党建引领,立足自身特色资源,以"乡村,让生活更美好"为实施目标,紧扣乡村振兴战略,在"三治""三业""三生"上实现三力齐发,始终坚持绿色发展,做好"12345"文章,加快推进农业农村现代化,让农业成为有奔头的产业,让农民成为有吸引力的职业,让农村成为安居乐业的美丽家园。

(一)坚持党建领航,实现三力齐发

1. "三治"并举,激发动力

选优配强组织,强化队伍建设,推进村民自治;积极创建民主法治村,加大乡村普法力度,推进法治建设;坚持德治为本,发挥党员干部先锋作用,大力弘扬乡贤文化,建立健全乡贤参事制度,实施乡村德治工程。充分发挥

好党群服务站的载体功能，自治、德治、法治"三治"并举，进一步激发村庄内生动力，促进党建引领、治理有效。

2. "三业"共进，增添活力

朱浜村通过对"砖窑文化"的挖掘、展示和创意体验，延伸产业链，探索以砖窑文化为创意产业特色，以有机农业为主导，以乡村旅游产为辅助的产业体系；鼓励、引导村民投身乡村振兴转型发展，以资金支持等方式吸引优秀青年回乡创业；突出以民为本，加大培训和指导，鼓励村民家门口就业，参与村庄建设。探索特色产业、鼓励支持创业、积极带动就业，"三业"共进，有效释放"强村富民"红利，增添村庄发展活力，促进产业兴旺、生活富裕。

3. "三生"融合，展现魅力

注重生态修复，延续乡村和自然有机融合的空间关系，展现水乡特色；沿用传统塘浦圩田系统，弘扬"农田为景观"理念，诗化生活体验，重塑田园风光；倡导文明风尚，推进移风易俗，挖掘整理乡村民俗和传统文化，加大保护传承力度，让老传统萌发新风尚，让老手艺焕发新生机。生态、生活、生机，"三生"融合，再现"金砖水乡"魅力，促进生态宜居、乡风文明。

(二) 坚持绿色发展，做好"12345"文章

1. 造好祝甸古窑文化园，即"一园"

围绕"金砖水乡"建设目标，重点打造一条观光体验游线、一家精品示范民宿、四个砖窑文化节点，让老百姓在传承和弘扬金砖文化的过程中获得实实在在的利益。

2. 建好创客学院和管家学院，即"二院"

建立创客学院，引进一批致力乡村发展的高端人才，培育一批身上有本事、手中有绝活的"土专家""田秀才"；建立管家学院，以职业技能培训为主，推动一批农村劳动力充分就业。

3. 开好乡村集市、水上集市和文创集市，即"三市"

以富民为导向，铺设好乡村集市、水上集市、文创集市三个富民平台，让百姓在家门口实现致富梦想，给老百姓带来实实在在的红利。

4. 培育"爱诚孝仁"优良传统，即"四德工程"

按照习近平总书记的要求，以社会主义核心价值观为引领，培育文明乡风、良好家风、淳朴民风，弘扬中华民族传统美德。

5. 用好老干部、老战士、老专家、老教师、老模范和新乡贤积极作用，即"五老一新"

建好五老理事会及新乡贤参事会，充分发挥好"五老"及新乡贤的优势和作用，为乡村振兴提供有力保证。

（三）坚持文化立村，做好"文创兴村"功课

1. 文化点睛，增色乡村文明

以"砖窑文化"为特色，致力于将传统的"砖窑文化"向展示型、体验型、创意型转变，打造"金砖水乡"文化名片，让历史文化遗存的传承和彰显转化为生产力，带动片区转型发展。

2. 以民为本，抓好产业发展

发展以砖窑文化为创意产业特色，以有机农业为主导，以乡村旅游产业、体育休闲产业为辅助的产业体系。规划形成以综合服务中心、田园综合体为"两核"，村庄空间发展轴、田园休闲服务轴为"两轴"，田园人家、自然产业区、休闲产业区、古窑文化体验区为"四区"的"两核两轴四区"空间结构。

"五治融合"助推泾河乡村治理新格局

泾河村积极探索基层治理新路径,推动自治、法治、德治、智治、善治"五治融合",推动集体经济提质增效、人居环境不断改善、基层治理更加有效、文明乡风持续培育、民主法治走向深入、共同富裕不断推进,持续提升"情暖泾河"的品牌力。

▶▶ 一、基本概况

泾河村位于昆山中西部,面积2.3平方千米,共有16个村民小组、546户农户,户籍人口2071人,新昆山人2162人,泾河村党委下设3个党支部,共有党员94人。

泾河村党委围绕新时代党的建设总要求,实施基层党建"五聚焦五落实"深化提升行动,通过党建工作的高质量,引领生态宜居高颜值、乡风文明高素质、治理有效高水准、生活富裕高水平、产业兴旺高效益。泾河村积极打造"情暖泾河"党群服务品牌，依托村党群服务中心，输出优质公共服务，常态发挥便民服务中心、日间照料中心、村民健身中心、村民文化广场、百姓功能会所等十大载体的服务功能，为患病家庭高标准定制、提供普惠医疗救助金，为新录取大学生和中小学生颁发奖学金、缴纳学杂费，为60周岁以上老年人发放尊老金，为65岁以上老年人发放祝寿金、餐补贴等"八大福利"，每年发放村民福利超700万元，村民幸福感和获得感不断提升。泾河村曾荣获全国民主法治示范村、中国村庄2020特色村、江苏省文明村、江苏省民主法治示范村、江苏省生态村、苏州市先锋村、苏州市农村现代化示范村、苏州市农村人居环境整治提升工作示范村、苏州市智慧农村示范村等称号。

二、主要做法和成效

（一）用"精致泾河、品质乡村"建设理念引领乡村自治

泾河村党委在全市推进美丽乡村建设过程中，提出"精致泾河、品质乡村"建设理念。用美好的愿景聚民心集民力，倡导"自己的事情自己管""大家的事情大家办"，通过引导村民广泛参与村庄环境改善、村庄现代化治理等，大力打造一步一景的"秀美泾河"，把提升自治水平作为实现农村长治久安的治本之策。例如，在推进美丽庭院建设的时候，村党委书记积极履行"掌舵人"职责，多次邀请村民代表把美丽庭院创建会议开到屋外，开进村民院子中，与村民面对面交流，手把手指导，带领大家挨家挨户实地查看庭院垃圾死角、乱堆乱放、违章搭建、乱养乱种等"脏乱差"环境乱象，以"大家一起看、大家一起想、大家一起做"的方式，统一思想，提高认识，坚定决心，激发村民自治强大活力。村党委与村民共商村里的大事小事疑难事，不断完善村民议事会工作制度。村党委还结合实际建设了村民议事厅，成立村民议事会、道德评判会、邻里互助会，融入"有事好商量"协商议事制度，落实"党群现场会议"制度，真正实现"民事民议、民事民办、民事民管"。

（二）用"法律章程、村规民约"刚性约束强化乡村法治

泾河村充分发挥自治章程、村规民约在农村基层治理中的法治作用，让法治精神根植在村民心中。村党委从个人品德、家庭美德、社会公德等层面制定符合泾河村实际的村规民约，用村规民约来推动村民自我管理、自我监

督、自我完善,"润物细无声"地改变村民的生活习惯和生活方式,"规"出文明新乡风,"约"出农村新面貌。此外,泾河村根据治理情况,制定出台《关于禁止小区内煤炉灶焚烧整治意见》《小区内机动车进出管理的实施意见》《小区绿化养护维护实施意见》等规章细则,规范小区管理,常态化排查整治乱搭建、乱堆放、乱开店、乱停车、乱养殖等现象,改变"脏乱差",实现"洁净美"。以百姓乡村会所为主要实施场所,严格按照昆山市"红7条,白9条"和"6个到位"要求,规范村民婚事新办、丧事简办,狠刹歪风邪气,推动移风易俗工作走深走实。建成1000米法宣绿道、1500平方米法治公园以及宪法墙、民法典长廊,不断创新法治宣传形式和载体。

(三)用"炎武精神、朱子家训"先贤文化涵养乡村德治

泾河村通过用好"炎武精神、朱子家训"等优秀本土传统文化不断涵养乡村德治。建设炎武文化长廊步道,厚植乡村文化底蕴。创新开设泾河学堂,引入优质教育资源开设昆曲、绘画、书法、国学等村民喜闻乐见的文化课程,同时采取"本村家长教本村娃""志愿者上台显身手"等方式,提升村民文化素养。评选出多名不同领域的道德模范,先后涌现出"江苏好人"浦建峰、"昆山好人"姚青芳、"快乐妈妈"文玉荣等优秀党员、群众榜样,进一步发挥道德榜样的示范引领作用。村党委帮助成立"老浦文明志愿工作室",大力弘扬平凡生活中行文明事、做文明人的价值取向,用村民身边的典型激发崇德向善的热情,起到"树起一个点,带动一大片"的效应。

(三)用"服务数字化、设施智能化"创新举措推进乡村智治

泾河村抢抓智慧乡村建设契机,推动村级公共服务数字化,全力打造新型智慧农村。加大网络"新基建"建设,实现农村宽带网络、5G网络、数字电视100%覆盖。在全村区域范围内安装288个高清摄像头,实现全方位、无死角24小时监控,有效提升村民安全感。建设运营24小时图书馆,联网接入全市图书馆服务网,共享全市图书资源。建设运营数字化社区学校——泾河学堂,接入远程教育系统,共享全市优质教育资源。采取"互联网+"的办学模式,为村民提供书法、绘画、舞蹈、昆曲等智慧教育。推行村级事务数字化,让村务、党务、财务线上公开,利用信息化手段加强"小微权力"监督。运用数字化手段推动公共服务精细化,自主开发村民诚信积分系统、民情地图、网络监控等网络平台,推动人口管理、环境整治等乡村治理

数字化、精细化、智能化。在疫情防控工作中，依托手机网络搭建"网格员—微信群—疫情登记系统"的智慧管理模式，上线社区防疫管理系统、综合治理网格系统，建设"大数据＋网格化＋脚底板"工作机制，筑牢疫情防控安全防线。

（四）用"群策群力、共建共享"真情付出凸显乡村善治

泾河村积极探索共建共治共享新路径，发挥"情暖泾河"党建品牌引领作用，倾情服务暖民心、真情实意解民忧、温情服务零距离，用党员干部的辛苦付出提升村民们的幸福指数。紧扣村民基本需求、基层治理问题，组建专项行动支部，推进实施高质量党建引领基层治理现代化"根系工程"，推动党组织向最基层延伸、党员在最一线带头，为城乡基层治理提供组织保证。实施"农村本土人才回归工程"，引导在外能人、乡贤、企业家等返乡创业。聚焦党建引领村级共同富裕目标，制定村"两委"班子五年任期规划，想方设法增持优质资产，拓展富民载体，壮大集体经济，做好"三次分配"。成立共同富裕发展基金，为村民创业提供贷款、政策、税收等方面的帮助，充分激发全体村民共同富裕的积极性、主动性和创造性，让每一个村民都成为共同富裕的直接参与者、积极贡献者和共同受益者。

▶▶ 三、经验启示

泾河村党委通过"五治融合"提升基层治理"硬实力"，用心用情擦亮"情暖泾河"党建品牌，助力提升基层治理体系和治理能力现代化，打造"党建引领是亮色、生态宜居是底色、文化底蕴是彩色、百姓满意是成色"的乡村振兴高质量发展"样板示范村"。

自治上，依托政协"有事好商量"工作机制，打造村级协商议事平台，作为问计于民、问政于民、问效于民的重要途径，坚持在有事多商量、遇事多商量、做事多商量中集民智、聚共识、促和谐，充分调动党员和村民参与村庄环境改善、村庄现代化治理、村民面貌提升等村级事务的积极性和主动性，真正实现"民事民议、民事民办、民事民管"，不断提升农村基层自治水平。

法治上，将法治要素寓于乡村治理过程之中，严格落实"小微权力"制约监督机制建设及"四议两公开"工作法在村级重大事务中的运用，推动乡村治理和群众诉求迈入法治化轨道；将民主法治元素创新融入农村人居环境

整治工作，打造宪法墙、民法典长廊、尚法亭等法治景观，融法治理念于秀美宜人的乡村景色中，不断增强村民法治意识。

德治上，立足昆山本土优秀文化，创新引入"天下兴亡，匹夫有责"家国情怀教育，加强《朱子家训》中的"黎明即起，洒扫庭除"教育实践。用好"顾炎武思想"文化金名片，成立顾炎武研究会泾河村分会，在塑造美丽人居环境的同时注重厚植乡村文化底蕴，提升村民综合素质。

智治上，不断增强数字化运用能力，推动乡村治理信息化、数字化建设，抢抓昆山全力打造"数字之城"的重大机遇，运用网络技术，开发小程序，将村民、集体福利、乡村治理通过"诚信积分"联系起来，实行"每周一巡查，半月一打分，每月一研判，每季一兑换"积分流程，实现打分、计分、兑分全流程智能化操作，通过数字化赋能乡村治理，增强乡村治理信息化能力。

善治上，以党建为统领，积极构建共建共治共享基层治理格局，把各方面智慧和力量凝聚起来，持续打通联系服务群众的"最后一公里"，推动村级治理各项工作更加精细化、精准化、常态化。准确全面地把握实现共同富裕的目标内涵和实践要求，谋思路、强举措、抓实效，擦亮共同富裕的幸福底色，逐渐探索出一条乡村良性循环发展的路子。

人居环境整治的歇马桥路径

歇马桥村积极贯彻落实新发展理念，围绕乡村振兴总要求，统筹谋划、纵深优化，大力推进古村落保护、产业整合转型、村庄长效管理工作，因地制宜地打好人居环境整治主攻仗。歇马桥村以打造文商旅产业融合提高整体经济阈值，以爱国卫生运动配合垃圾分类攻坚助推改善村容村貌，以党建引领发挥先锋带头作用共创美丽家园。

▶▶ 一、基本概况

歇马桥村位于昆山市千灯镇石浦南郊，东临上海青浦，苏沪机场路与沪常高速路纵贯其中，地理位置优越。根据县志记载，村庄因南宋抗金名将韩世忠于此歇马练兵而得名。歇马桥也是昆山非遗"石浦羊肉"所在地，更是新四军江南敌后抗日根据地之一。歇马桥村村域面积3.62平方千米，一条"龙形水系"贯穿南北，孕育了沿河呈带状空间布局的歇马桥、腰庄等13个自然村，构成了江南水乡"水街相依、窄巷深弄"的传统风貌格局。歇马桥村保留了歇马古桥、石板老街等明清古建筑5000平方米，人居环境优美，人文底蕴深厚，贤才能人辈出。村庄现有户籍人口1502人、农地1394亩，2022年村级收入超1100万元。歇马桥村先后获得第三批中国传统村落、国家森林乡村、江苏省生态村、江苏省水美乡村、江苏省第四批特色田园乡村、江苏省生态文明建设示范村、苏州市农村人居环境整治提升工作示范村等荣誉称号。

二、主要做法和成效

（一）完善顶层设计，勾画美丽宜居"新蓝图"

传统村落要开展好环境建设整治，不能走"复制拷贝"的老路，更不能走"大拆大建"的死路。为精细化推进村庄保护、修复、治理，在千灯镇规建部门的指导下，歇马桥村先后委托江苏省城镇与乡村规划设计院等专业单位编制传统村落保护发展规划、特色田园乡村建设规划，明确村庄建设、配套提升、产业发展、环境优化等方面的目标定位、重点任务，同时每年按照项目化、节点化、闭环化要求制订具体工作方案，实施"挂图作战""对表攻坚"。为确保顶层设计在基层农村有效落地，昆山市出台《昆山市农村人居环境整治"红黑榜"考核办法（试行）》，并设立奖惩机制，将考核结果与村干部报酬直接挂钩，出台整治投入梯度奖补政策，设立专项奖进步奖，在全市掀起人居环境整治热潮。歇马桥村作为千灯镇人居环境整治的"领头羊"，依托古村落保护基础、文商旅规划支持，在大幅利用既定投入环境建设的资金辅助下，紧跟市里政策、机制，减少了人居环境整治支出，同时借力顶层设计与配套工程，让本村在一众环境大同小异的江南水乡村落中脱颖而出。歇马桥村班子集体坚持"俯下身子听民生，迈开步子解民忧，甩开膀子纾民困"，先锋党员与志愿者争做"村庄美容师"。根据村庄实际，提升人居环境人才队伍建设水平，成立歇马桥人居环境整治专班，村"两委"班子牵头，组织镇田园办、人居办驻村办公，第一时间现场协调督导，推动工作有力有序有效开展。

（二）强化精准投入，推动环境品质"新提升"

资金投入是提升村庄环境的必要条件，"大包大揽"容易，难在用心解决事关群众的难事、烦心事上。歇马桥村聚焦农业生产、公共配套、环卫保洁等痛点堵点，抓住创建省级特色田园乡村的有利契机，累计投入近3000万元，实施5大类12项重点工程，完成了高标准农田改造，完善了村庄道路、垃圾分类体系，改造、修复建筑5500平方米，建成昆山市级生态样板河道1千米，顺利入选第四批省级特色田园乡村。在古建筑修缮、功能设施建设、环境整治过程中，歇马桥村充分尊重历史风貌，保留古韵记忆。在彰显歇马桥古村落特色的总基调下，村"两委"坚持与时俱进地变，巧妙融合地改，结合规划需求，推动大刀阔斧升华内核与相差无几修缮外壳并行。例如，利用村口闲置房屋，设置村史馆，利用老街旧居、原歇马小学校舍，分别设立新四军淞沪抗战史迹陈列馆、韩世忠纪念馆，打造群众性爱国主义教育基地。修建林轩园，保护了有300年历史的黄杨、金桂两株古树，打造守护乡愁的特色景观，彰显人文乡情美。同时，歇马桥村成立农房管理合作社，为苏州歇马桥文旅投资有限公司提供资产资源平台，打造国际化美丽艺术乡村，目前已收回1308平方米的老街房屋和2072平方米的门面房。

（三）加快产业转型，集聚绿色发展"新活力"

生产生活环境就是人居环境，只有想方设法提升村级产业、村民就业水平，才能从根本上改善村庄人居环境。近年来，歇马桥村把产业转型作为村庄环境建设的发力点，结合老旧资产处置、"263"专项整治、"331"专项行动，大力淘汰低端产业、整治出租房、打击"散乱污"，仅一年时间，就关停落后企业2家，整治群租户30家，消除各类安环消隐患82条，杂物乱堆、垃圾偷倒、油烟扰民等现象明显减少。同时，基于自身优质的乡村旅游资源，歇马桥村大力发展休闲农业与乡村旅游项目，加快产业转型，以数字化经济和文化产业倍增推动乡村焕发新活力。基于生态人文优势，歇马桥村致力营造集农耕、乡居、集市于一体的乡村生态圈，打造"新乡村生活"样本，实现从简单休闲的"农家乐"向比较高端的"乡村度假"的转变，在探索乡村旅游发展新模式中走出一条有别于传统乡村旅游产业的新路。2019年3月，歇马桥村和苏州文化旅游发展集团有限公司、亚太集团签约文旅综合体项目，共同打造乡村文旅生态链。项目总投资约3亿元，其中一期投资1亿元，重点推进核心保护区古街的修复，引进精品餐饮和乡村艺术馆，积极开发文旅融合项目，创建半山诗雨咖吧民宿、一尺花园餐厅、金谷礼文创等品牌项目，2021年接待游客1.6万人次，带动村民人均增收0.6万元，形成绿色发展新引擎。同时依托特色资源，积极培育高附加值现代农业，稳步发展农文旅产业，建成千亩优质水稻基地，打造"红美人"柑橘、"共享生态梨园"精品果蔬、"石浦羊肉"等名优农产品，形成田园生态亮丽风景线。

（四）突出党建引领，形成常管长效"新常态"

人居环境整治是一场持久战，不是一蹴而就、一劳永逸的。要想保持领先、再创佳绩，关键在于党建引领，建立健全常态化、长效化机制。歇马桥村积极发挥村党总支牵头抓总作用，在党总支领着干、党员抢着干、群众跟着干的火热氛围中，推动党总支建设与村庄环境整治深度融合，创建并实体化运作"永不停歇，一马当先"党建品牌，让村干部包自然村，给党员划责任区，围绕农村人居环境整治等难点问题，做到每日巡查、实时交办、当天整改，打通乡村善治"微循环"，提升严抓严治、常管长效水平。组建"秀美""331""夕阳红"三个"行动支部"，让支部"活"起来，党员"跑"起来，带动群众投身环境整治行动。引导家庭户开展美丽庭院、美丽菜园创建，参与"文明新风户"评比。创新设立"老茶馆说事会"、乡风文明流动"红黑榜"，积极放大典型示范效应，营造共建共治共享浓厚氛围。2019年以来，歇马桥村入选昆山市人居环境整治行政村"红榜"6次、自然村"红榜"7次，获评苏州市农村人居环境整治提升工作示范村。

三、经验启示

（一）将党建引领作为改善人居环境的压舱石

歇马桥村活用红色资源，彰显乡村红色文化魅力。坚持党建引领，是实现乡村振兴的"执行主体"，是推动人居环境整治工作的"总引擎"，强劲有力的党组织是乡村振兴战略目标能否实现的决定性因素。歇马桥村以"永不停歇，一马当先"党建品牌凝聚合力，落实系统性规划、精准化治理、乡情式管理，攻坚古村保护、村庄治理第一线，开展德治、自治、法治三大行动。提升党建品牌特色，将提升人居环境的理念融入品牌中，坚持"一村一品""一村一景"，把产业转型作为村庄环境建设的发力点。积极发挥村党总支牵头抓总作用，完善"干部＋党员＋群众"的组织体系，组建"秀美""331""夕阳红"三个"行动支部"，通过村干部包自然村、党员划责任区，引导家庭户开展美丽庭院、美丽菜园创建活动，创新设立"老茶馆说事会"，积极放大典型示范效应。

（二）让创新成为改善人居环境的不竭动力

歇马桥村坚持以新发展理念为指导，实现人居环境改善和传统村落保护"齐步走"。在乡村发展日新月异的今天，作为国家级传统古村落的歇马桥村，既要最大程度地保护好古色古香的人文环境，又要注入新鲜血液，提炼本村的特色与亮点。抓住创新这个"衣领子"方能凸显歇马桥作为人居环境整治典型村所努力展现的"大同"与"小异"。相同的是干干净净的村容村貌，不同的是歇马桥将传统村落与现代化文旅产业相融合的江南水乡新容颜。歇马桥村的人居环境整治工作循序渐进、有条不紊地推进，从最初的寻找定位、保持洁净到逐步找准目标、提升品质，再到坚持创新、力作翘楚。歇马桥村走过了提升人居环境这项重大工程的最艰难阶段。当前，"难啃的硬骨头"和"难摘的果子"在歇马桥团结一心的努力下已不复存在。接下来，只有坚持创新，才能让歇马桥村的人居环境更上一层楼。

（三）以强化资金投入实现新农村换新颜

歇马桥村以乡村振兴为统领，以建设美丽宜居村庄为导向，通过向上积极申请镇级财政支持、统筹整合亚太集团和苏州文旅集团的资源、争取金融扶持等措施，稳步推进各类文旅项目，为打造白墙黑瓦、清清爽爽的秀美家园提供了有力的资金保障。与此同时，歇马桥村致力于推进农文旅综合体建设，以此拓宽强村富民新路径。一方面，倒逼企业优化升级，秉承可持续发展的理念，通过调整产业结构、供给侧结构性改革等实现效益的稳步增速，以周边企业的经济发展带动歇马桥村整体的村级收入，让老百姓真正感受到小康人居环境的利好，大幅提升群众生活的幸福感和满意度。另一方面，借助数字经济赋能文化产业，紧抓文商旅一体化的契机，加大招商引资力度，打造高端餐饮、特色民宿、文创周边、农产精品等，并通过对村里建筑巧妙的设计与改造，形成别具一格、独树一帜的新农村亮丽风景线。

"农场+支部"打造生态循环特色农业长云模式

长云村大力发展生态循环特色农业，在尊重和保护现有村庄地形村貌、田园风光和农业业态的前提下，按照"产业兴旺、生态宜居、乡风文明、治理有效、生活富裕"的总要求，构建五大模块，把行动支部建在农场上，把农业发展和党建工作同步谋划、同步推进，"和美长云"的雏形已初步凸显。

▶▶ 一、基本概况

长云村地处昆山市锦溪镇的最北面，位于美丽富饶的万千湖畔，西北与古镇角直隔湖相望，东北与张浦镇交界，环境宜人，地理位置优越。现长云村下辖张家浜、长娄里、独云甸、於家湾、下扒娄、冯家坝6个自然村，全村区域面积约3.5平方千米，土地肥沃，水网密布，拥有耕地面积2100亩。全村共有居户530户，总人口约1820人。

在锦溪镇党委、政府的正确领导下，长云村以农业增效、农民增收、农村稳定作为工作落脚点，敢于争先，务实奋进。长云村先后获得江苏省卫生村、省级生态循环农业试点村、苏州市生态村、苏州市农村人居环境整治提升工作示范村、苏州市康居特色村、昆山市文明村、昆山市农村环境综合整治先进村、昆山市农村精神文明建设先进村等荣誉称号。

▶▶ 二、主要做法和成效

（一）创新一个经营模式，把行动支部建在农场上

本着农村稳定、农民增收、百姓满意的目的，结合苏州"四个百万亩"和昆山"四个十万亩"的规划要求，从2012年开始，长云村退塘还田，成立合作农场，实行统一管理、标准建设。以万亩生态良田建设为契机，积极探索实践新型合作农场经营模式，全力发展以新型合作农场为代表的高效高产农业。通过三期项目实施，建成连片高标准农田2000多亩。针对大面积粮田种植，实行网格管理，明确农场责任分工；整合资源，实行标准化生产模式；权责一致，建立"包工定产"机制。合作农场使得"让更少的农民，耕种更多的土地，获得更多的收益"成为可能，使经济、生态、政治效益有机统一，全面提升。

以长云农场为平台，长云村依托"农场+支部"模式，实行"包工定产，核算成本，超产奖励，减产赔本，分组承包，划组包干"运作经营机制，坚持问题导向、需求导向、成果导向，实行新型合作化经营新模式，实现农业增效、农民增收、农田增色。

（二）发挥两个作用，促进工作提升

长云村通过整合党建资源，规范组织生活程序，丰富组织生活内涵，以实际行动激发党员干部发挥先锋模范作用，夯实基层党组织的战斗堡垒作用。努力实现支部组织生活自主运转、自我管理、自我监督，让支部行动起来，让党员作用发挥出来。激发广大农村党员干部勇于担当、扎根基层、干事创业的热情，使其更好地投入生态循环特色农业建设的工作。

（三）实现三项民主，实现有效治理

长云村实现议事民主、决策民主、干群民主"三项民主"，建立起党员和群众直接提议评议，并全程参与审议决议涉及本组村民重大事务的"民主议事会"制度。坚持有事由民议、决策由民定、落实由民督、成效由民评，

实现党建干部与村民的互融互动。

（四）搭建四大平台，激发组织活力

1. "农场+支部"搭建党员服务群众平台

长云村建立农民专业合作社党组织，通过开展信息咨询、技术指导、政策扶持等服务，有效引导了资金、管理、技术、人才等资源向农业生产一线流动，有效推动了农业转型升级、农民致富增收，扩大了党在基层的影响力。

2. 同田劳动搭建干群融合平台

长云村通过合作化经营，构建村干部参与统筹协调的运营体系，成立长云村集体合作农场经营管理领导小组，由村书记负总责，其他村干部划分对应到工作片区，让村干部与群众能够在田间地头共话桑麻，真正做到脚上有泥土，心中是百姓，也充分调动了群众参与生态循环特色农业建设的积极性。

3. 共商农事搭建群众参与平台

依托农业合作化经营，农村群众特别是农村老党员、老干部广泛参与到党员议事会、民主恳谈会、民主听证会等活动中，村党组织为群众提供参与农村经济社会发展的渠道，并引导广大党员积极为生态循环特色农业、城乡一体化、新农村建设以及基层维稳等工作建言献策，实现合作社发展和党建工作的互动互促。

4. 共话家常搭建干群交流平台

在农业合作化经营模式下，村干部和群众肩并肩一起干农活，村民更愿意跟村干部聊真心话、贴心话，村干部也对民情民心有了更加深入的了解，在执行"三解三访三促""农村干部基层大走访""六个一基层走访调研"等过程中，老百姓的门容易进了，心结容易解了，进一步发挥了走访制度的实效。在生态循环特色农业建设中，村民积极建言献策，村干部能够更清楚地倾听到百姓的心声。

（五）以党建带富民，着力打造田美、水美、景美、人更美的"和美长云"

长云村不断优化新型农业合作经营模式，扎实推动旅游资源多元整合，积极探索"旅游+农业"的发展新模式，结合实际，围绕农业结构调整和转型升级，集聚资源，聚力创新，推动农业产业化经营。长云村把农业与三产服务业相融合，与生态环境相接壤，与文化传承相联系，与旅游观光相结合，推进集生产、生活、生态为一体的"三生"农业综合体建设，着力打造田美、水美、景美、人更美的"和美长云"。

三、经验启示

长云村从2012年开始探索发展以村集体经营为主体的合作农场，配套"12345"新型合作农场党建模式。实践证明，合作农场不仅具有生命力，而且保持着良好的发展势头。

（一）坚持党建引领，提高党组织的凝聚力和战斗力

长云村党总支部领导班子十分注重班子建设，以开展文明村创建活动为载体，推进"两学一做""主题党日活动"学习教育常态化、制度化，切实落实"三会一课"制度，大力推广"学习强国""昆山先锋"等线上党建教育平台。组织党员到太仓、常熟等先进村参观学习，不断增强村党员干部带富致富和为民服务的本领。健全党内民主生活，开展专题组织和民主生活会，查找存在的问题，认真整改，促进工作，激发党员干部担当实干、奋发有为。在发展党员和培养后备干部工作上，紧紧围绕党的工作中心和自身建设需要，按照"坚持标准，保证质量，改善结构，慎重发展"的方针，完善了党建带团建、共青团组织推荐优秀团员为入党积极分子的制度。

（二）立足自然禀赋，整合资源，全面打造党建引领绿色生态发展风景线

长云村拥有得天独厚的地理优势，地处美丽富饶的万千湖畔，村民充分利用优越的地理环境优势，从乡村建设、生产、生活各个方面着手，融入生态理念，走出一条新乡村生态链。以特色田园乡村建设为契机，结合美育圩生态项目，挖掘历史文化，培育发展乡村旅游、特色种养等特色产业，做好环湖步行栈道、河道垂钓平台、有机蔬菜种植、海棠花栽种、彩色油菜花田等工作。通过整合美丽乡村、高标准农田、农场红色基地建设等资源，串点成线，合理布局风景点，全面打造红色党建引领、绿色生态发展的基层党建风景线。充分发挥乡村旅游产业撬动富民强村的积极作用，依托西片"万亩良田"的资源禀赋和"田""水""农耕""民俗"文化底蕴，推动乡村产业发展，带动农村创业就业，凸显富民效应，进一步提升了村庄品位，激发了村庄发展活力。

（三）抓增收，谋发展，才能更好地推动生态循环农业发展

长云村找准党的建设与经济建设的切入点、结合点，围绕中心抓党建，抓好党建促发展。长云村有序推进了农田水利工程项目建设，统一农田布局。在探索中创新管理方式，在实践中规范经营体制，以水稻、三麦、油菜等粮食主导品种增产为重点，建有烘干中心、移动式烘干机和秸秆堆肥池，实现全程粮食生产不落地。重点抓好"三个集中"，即农田建设集中规划、农技服务集中支持、农业生产集中管理，改善日常管理，建立"包工定产"新机制，促进节本增效。为了更好地提高土地经济收益，长云村围绕农业结构调整，集聚生态资源，聚力创新农业发展方式，利用低洼农田开发稻田养蟹、稻田养龙虾、稻田养鸭生态项目，实现了一地两用、一水双用，充分提高了土地利用率，并生产出安全优质的绿色大米；同时以"和美长云"为品牌申请专利，设计专属品牌的不同规格外包装，实现品牌销售。在不断优化新型农业合作经营模式中，长云村扎实推动旅游资源多元整合，积极探索农旅融合发展新模式，推动生态循环特色农业进一步发展。

构建多元共治新模式,打造陈巷治理新格局

陈巷社区融合智慧化、大数据管理理念,加强基础建设,夯实发展根基,充分利用大数据,深化数据赋能,发展多元共治,探索建立了陈巷社区数据平台,持续深化"数字化"在基层治理中的应用,推动社区治理从粗放式管理向精细化治理转变,建立社区管理常态长效机制,打造了具有借鉴价值的基层治理"陈巷样本"。

▶▶ 一、基本概况

陈巷社区位于昆山市陆家镇南首,东、北紧连吴淞江,西、南紧接千灯镇肖墅村,区域面积5.2平方千米,基本农田2935.45亩,辖区内的陈巷花园动迁小区是陆家镇规模最大的动迁安置小区,小区占地面积约24万平方米,总建筑面积约66万平方米,共有楼栋45幢,其中住宅42幢、多功能用房3幢,可提供房源4148套,目前小区总居住人口约13000人;小区南面配

置有陈巷农贸市场、幼儿园等，毗邻菉葭未来智慧田园及菉葭生态公园、吴淞江绿色廊道，地理位置优越、环境优美。陈巷社区先后获得江苏省生态文明建设示范村、江苏省健康社区、苏州市十佳农民合作社、昆山市美丽宜居乡村建设先进集体、昆山市十佳农业创新经营主体等荣誉。

二、主要做法和成效

（一）加强基础建设，夯实发展根基

1. 加快信息化基础设施建设

近年来，陈巷社区共投入村级农村信息化专项资金301.5万元，为智慧社区整体平台系统和各类智慧应用的建设打下了基础。目前，陈巷花园小区共有车行闸道及车牌识别系统2个、人行闸道及人脸识别测温系统4个、视频监控884个、梯控129个，实现各类人员及车辆的全面精准管理。

2. 加强信息化监管平台建设

陈巷社区在原有村务公开栏公示的基础上，依托e阳光系统，将党务、村务、财务、政务等重要事项及时通过平台向全体村（居）民公开，接受各方监督。老百姓足不出户就可以了解村级事务中的所有信息，真正实现村务360度全透明，确保小微权力在阳光下运行，让"微腐败"无处可藏。

3. 强化"市民驿站"建设

陈巷社区逐年增加便民服务事项，加快推广全科社工服务模式，实现高频信息查询、公共服务等事项"家门口"办理等功能。党群服务中心共可办理民政、残联等部门的各类事项65项，纵深推进"最多跑一次"改革在基层延伸。

（二）深化数据赋能，推进治理精细化

1. 大数据智慧赋能，为基层社会治理装上"最强大脑"

陈巷社区探索实践流动人口和出租屋管理体系，在小区门口设立24小时登记点位，利用身份证读取器及网络信息平台自主填报等科学快捷的方式对返昆人员或其他外来人员严格排查，逐一登记。网格长只要扫描二维码，就能登录"陈巷社区房屋信息申报平台"，一键上传出租房内消防灭火器、逃生通道、消防"四小件"配备等情况。同时，整合惠民物业、派出所、计划生育口已有的信息，形成疫情防控、出租房管理、垃圾分类等多个信息化模

块。综治警务网格联动工作站内的管理人员可以从系统后台看到与社区内房屋相关的人员、车辆、垃圾分类等最新信息，为社区基层治理安上"最强大脑"。

2. 智能化分析研判，为社区精细化管理提供科学依据

陈巷社区通过发挥大数据自身所具有的共享、方便、快捷、高效、开放等优势，促进社区管理从碎片化到整体化的转变。安排垃圾分类督导员对居民垃圾投放量及是否主动破袋等情况进行登记，利用大数据平台进行分析整合，根据垃圾分类的投放量，建设 12 座垃圾分类清洁屋，为每间清洁屋安排合适的督导员，摆放相应数量的垃圾桶。同时将每月垃圾投放次数小于 10 次的房屋内居民列为垃圾分类工作重点对象，结合六点半"垃家常"活动，有针对性地开展工作，上门核实情况后，对不符合分类投放规定的家庭进行宣传和督导，不断提升垃圾分类投放参与率和准确率。借助大数据平台，社区可以实时分析出疫情防控、出租房合规化改造、垃圾分类动态状况和需求，合理安排人力、资源、工作进度，使得社区治理在质量、效率、精度上实现较大进步，为基层治理进行正确合理的决策以及准确的判断提供助力，实现资源整合、力量融合、功能聚合。

3. 网格化多元共治，建立社区管理常态长效机制

网格长利用大数据平台可以清楚掌握网格内人员、房屋、车辆信息情况，有针对性地开展工作，真正做到了底数清、情况明、数据准，避免了消耗大量时间和精力在日常巡查中。网格长每月开展"回头看"工作，重点对出租房内消防通道、消防"四小件"配备及屋内乱拉电线等情况进行排查。每季度汇总分析生活垃圾分类数据，不断优化垃圾分类工作模式和考核措施。每月排查和督导工作结束后，网格长将数据汇总至大数据平台，确保各项工作形成闭环管理，切实提升社区管理工作实效。

（三）聚焦民生服务，提升群众满意度

1. 整合志愿服务力量

陈巷社区坚持党建引领志愿服务，梳理现有志愿者团队、志愿活动安排、志愿积分兑换等方面的短板，推进党员志愿服务规范化、制度化。持续开展"爱邻日""百姓戏曲日"、义务巡逻等志愿活动，深入推进对低保户、残疾人、困难儿童的帮扶活动，做细做实志愿服务活动。

2. 发挥党建联盟力量

根据居民需求导向，陈巷社区建立了"党建需求库"，包括"情系夕阳红""爱幼护幼""水墨丹青""知识微讲堂""文艺集结号"等8个类别，联盟单位根据自身情况分别认领项目，为群众带去更多的优质服务，打开组织联盟、党员联动、资源联享、活动联办、项目联育、服务联心的党建新局面。

3. 汇聚社会群体力量

陈巷社区强化党建融合功能，充分发挥党总支的领导核心作用，将小区内文艺团队、社会组织凝聚在一起，优化党员服务、文体服务、生活服务，为群众提供全面优质服务。运用"文明家庭""好人榜"等载体，传承家和万事兴、忠厚传家久、百善孝为先等优秀传统观念，让好家风支撑起好民风。发挥"陈阿姨便民缝纫队"的明星效应，把互助、友爱的理念传递给小区的居民，有力示范和带动周边群众。

（四）发展特色产业，促进乡村振兴

1. 把握经济效益，村级集体经济稳定增长

2019年6月，陈巷社区与昆山市乐佳农业发展有限公司签署合作协议，对陈巷辖区内4422亩农田进行专业化开发建设与运营，打造以农业科技为特色、农文旅融合发展的未来农业示范园。社区召开村民代表会议，集体讨论通过将村集体农田租赁给昆山市乐佳农业发展有限公司的决议，增加了村民的固定分红收益，实现了农民增收。同时，智慧农业项目的落地，也将为当地提供大量的工作岗位，促进农民就业，并吸纳青年人才加入现代农业产业，培育新型职业农民，为农业产业发展培养接班人，实现乡村人才振兴。

2. 把握生态效益，厚植最美生态文化底蕴

陈巷社区通过高标准农田项目建设，优化水系及路网，建设灌排水沟渠、灌溉站、防洪水利设施、智慧农业等配套设施，建设完成后，农田灌区达4641亩，新增耕地600亩，形成田成片、路相通、林成行、渠成网的生产布局，大大提升了农业生产能力和生态环境面貌，实现了乡村生态振兴。社区还通过传承与发扬传统农耕文化，培育文明乡风、良好家风、淳朴民风，焕发乡风文明新气象，实现乡村文化振兴。

3. 把握社会效益，形成乡村发展新局面

2020年，陈巷社区建成集粮食检测、清理、烘干、仓储于一体的现代化

粮食烘干中心，满足4000亩水稻种植产后服务的基本需求，解决了露天晒粮问题。通过发展现代农业，融合发展农文旅产业，实现一二三产业联动发展机制；通过乡村生活体验、青少年科普教育等，让乡村在产品和体验维度上"拉大"与城市的距离，为乡村创造更大的差异化体验空间，创造更多的附加值，推动乡村产业振兴。

▶▶ 三、经验启示

（一）坚持探索创新

陈巷社区体量大、人员流动性强，社区管理缺乏有效、精准的措施，面临较大的压力和考验。互联网技术的发展，为党建引领基层治理带来崭新的机遇，基层治理不但要适应新时代发展要求，而且要融合智慧化、大数据管理理念，充分利用大数据，节约人力物力，提高工作效率。为此，陈巷社区探索建立了数据平台，持续深化"数字化"在基层治理中的应用，推动社区治理从粗放式管理向精细化治理转变。

（二）坚持统筹共享

陈巷社区坚持以"网格化+大数据"为手段，整合优化各类信息资源，通过大数据"采集—治理—应用"模式，不断推进大数据平台建设，以可视化模块推动人员管控、出租房合规化改造、疫情防控、垃圾分类等工作落实，实现1.3万名人员信息化管理、1831套出租房屋实时管控、12个垃圾分类清洁屋投放量、疫情防控数据动态分析，为各项工作的开展提供了有力支持，让大数据服务基层治理，切实为基层减负。

（三）坚持服务为民

在利用大数据推进基层治理的过程中，要将人民群众作为考虑的核心，提高社区服务居民的质量和水平，提升人民群众对社区服务的认可度和支持度，建设便民惠民智慧服务圈，为社区居民提供安全、舒适、便利、现代化、智慧化的生活环境。

推进园区转型升级，书写吴江现代农业高质量发展新篇章

　　吴江现代农业产业园区准确把握智慧农业发展的有利机遇，坚定三产融合发展决心，以农业"规模化、产业化、标准化、信息化"为发展目标，培育提升园区示范推广、产业孵化、集聚扩散、科普培训和旅游观光等五大功能，调整园区农业生产结构，推进智慧农业升级，激发农业板块活力，加快现代农业转型升级进程，为苏南地区现代农业园区高质量发展探索了新路径。

▶▶ 一、基本概况

　　吴江现代农业产业园区位于吴江区同里镇北部，于2007年启动建设，由北联、合心、湘娄、白蚬湖、肖甸湖5个行政村组成，建筑面积3.22万亩，形成了1.05万亩优质粮油、1.1万亩设施园艺、7000亩特种水产和3000亩休闲观光四大功能区，2011年被认定为首批省级现代农业产业示范园，2015

年作为核心区被列入吴江国家现代农业示范区，2022年依托核心区，被认定为国家现代农业产业园。依托农业园区便利的交通、优越的区位、完善的农业基础配套设施以及园区积极的引导政策，部分农业企业积极投资休闲农业，逐渐形成了一批有影响力的农文旅融合型业态。目前园区内入驻26家农业企业、8个农民专业合作社，其中包括省级农业龙头企业3家，市级农业龙头企业3家，新三板上市企业1家，形成了具有较大影响力的农业规模化生产经营集聚区。2021年9月，江苏省农业农村厅公布乡村休闲旅游农业"一园两基地"推介名单，吴江区骏瑞"田野市集"创意园入选主题创意农园名单，吴江区铁皮石斛科技文化产业园入选康美基地推介名单。吴江现代农业产业园区为现代农业发展闯出了一条新路，已成为各级党委政府、农业主管部门以及农业学界重要的研究样本。

二、主要做法和成效

（一）推进智慧农业升级，实现农民增产增收

吴江现代农业产业园区准确把握智慧农业发展的有利机遇，以农业"规模化、产业化、标准化、信息化"为发展目标，引入新一代互联网通信技术，成功构建"一厅一馆六中心"的公共服务平台，农业信息化服务覆盖率达100%，2020年成功承办全国智慧农业改革发展大会现场考察活动；园区农机装备配套齐全，粮食生产从播种到加工实现全程机械化，农作物耕种收机械化水平达99.1%。同时，园区积极与知名科研院所、专家开展合作，通过建立专家（教授）工作站、重点实验室等领先技术平台，建立水稻、蔬菜、新农机示范基地3个，合计面积400亩，强化农业"四新"（新品种、新技术、新装备、新模式）的试验研究，提升园区科技发展水平，推动智慧农业发展迈向新台阶。

（二）坚持生态循环理念，推动农业绿色发展

吴江现代农业产业园区不断导入农业"四新"技术，积极推进绿色标准化、清洁化种养和生产，扶持鼓励苏州三港农副产品配送有限公司、五月田有机农场、苏州神元科技股份有限公司、苏州市润汇农业发展有限公司等10多家企业创建农产品质量安全可追溯平台，园区农产品可追溯比例达87.5%。建立农膜、农药包装物等回收处置体系，农业废弃物资源得到有效

利用，园区现有农业生产废弃物回收利用处置率达100%。推行秸秆全量还田、秸秆资源化利用等措施，园区秸秆综合利用率达99.8%。在5家种植型企业、1家水产养殖企业内开展苏州市"三高一美"项目建设，提升企业绿化景观、周边设施环境、基地生产管理水平，形成农业企业既是生产现场也是观光景点的良好局面。

（三）以区域品牌建设为抓手，打造优质特色农产品

吴江现代农业产业园区相继建立"稻鸭共作""稻虾共作"等稻田综合种养示范基地约600亩，为园区农业向生态型、高效型农业发展奠定基础。通过园区牵头成立的"吴江大米"产业化联合体，以打造"吴江大米"区域品牌为抓手，建设大米专门销售点、设施商超销售专架，全面布局地产优质大米销售网络，从而提高北联大米、吴江大米的影响力，以好的口碑换取更好的市场认可度。鼓励和推进园区内企业申报"三品一标"（无公害农产品、绿色食品、有机农产品、农产品地理标志），注册自有商标，打造石斛、有机蔬果等具有较高识别度的优质特色农产品。

（四）以全域旅游为引领，主动融入农文旅发展进程

农文旅融合发展是展示现代农业新面貌、丰富现代农业发展内涵、实现农业产业结构转型的关键。依托同里农文旅融合发展示范区的旅游资源优势，吴江现代农业产业园区着力推动休闲观光农业发展。以农田艺术景观为载体，融入当地特色文化，连续多年成功举办油菜花节、农民丰收节、彩色稻作节等重大旅游活动，每年吸引超过15万游客前来观光，农文旅融合发展模式已成为园区经济增长的新动力。园区积极鼓励推动农业企业投资休闲农业，完善农业配套设施，先后打造有机果蔬采摘园（五月田有机农场）、无土栽培体验园（苏州三港农副产品配送有限公司）、石斛养生园（苏州神元生物科技股份有限公司）、锦鲤观光区（苏州旺山锦鲤有限公司）等多个乡村旅游精品点，逐渐形成了一批有影响力的农文旅融合型业态。

▶▶ 四、经验启示

（一）科学谋划，统筹编制园区农文旅融合发展整体规划

吴江现代农业产业园区结合现有农业产业布局，对创意休闲观光农业景点分布、发展水平、未来潜力进行普查摸底和调整优化，从区级层面制定科

学可行的农文旅融合发展专项扶持政策,明确农业园区及属地政府作为融合发展的牵头单位,统一思路,从布局、特色、标准等方面全面指导农文旅融合发展。园区积极学习浙江、上海、安徽以及省内兄弟县市等周边农文旅融合发展先进地区的经验,借"他山之石",并结合自身实际,找准园区农文旅融合发展中的新定位。聘请优秀规划团队,高水平编制园区休闲观光农业整体规划。同时,园区积极主动对接同里镇,将园区的休闲观光农业规划纳入同里镇旅游总体规划,真正形成同周公路农文旅融合发展组团,取得抱团发展、协调发展的良好局面。

(二)完善政策扶持,实施基础设施建设倾斜

吴江现代农业产业园区管理办公室有针对性地制定出台农业休闲观光扶持政策、农文旅融合发展奖励机制等具体可操作的政策,积极协调农业、自然资源、旅游、乡镇等,从土地利用、项目支持、方案咨询、资金奖励等方面为园区创意休闲农业发展提供更大更实际的保障。以改善休闲农业基础设施建设为重点,鼓励PPP(公私合营)模式、政府购买服务等在创意休闲观光农业领域的运用,逐步构建以政府投资为引导的多元化投资格局,重点促进农文旅休闲农庄(精品民宿)建设、乡村民宿(农家乐)发展。针对园区在休闲观光农业发展中的一些短板、硬伤,尤其是停车资源紧张、道路指示不到位等问题,园区充分用好现有土地资源,通过新建设生态停车场地、盘活现有停车资源等形式,缓解园区重要节点的停车难题。通过合理规划梳理,园区形成各条道路、各个企业农场的指示系统,形成体系化、风景式的道路指示牌系统,方便市民游客就近停车、按图索骥。

(三)引进高端优质项目,打造园区农文旅融合发展高地

吴江现代农业产业园区积极接触、筹备优质项目落地,推动智能化花卉种苗生产基地、高标准休闲竞技一体式垂钓中心、先进智能流水养鱼基地、高端锦鲤养殖繁育基地等项目的引进。通过高端农业产业结合休闲观光与体验一体化的整体设计,实现农业产业发展与农业休闲旅游的深度融合。充分挖掘园区的生活和生态功能,增强市民参与功能,努力将园区所在地同里农业园区打造成为田园综合体的"同里样板"和"姑苏城外"的苏式新农村。同时,结合特色田园乡村建设,利用村庄自然资源禀赋,打造一批农业休闲观光亮点,以点带面,推动全区休闲观光农业发展。

（四）借鉴"共享农庄"理念，打造"农业+民宿+农家乐"的共享发展模式

在农业土地资源严格管理的新形势下，吴江现代农业产业园区借鉴"共享农庄"理念，引入优质社会资本，政府配合企业开展租赁、收购、拆迁等工作，将园区内部分农户的闲置或低效用农房资源充分利用起来，结合园区休闲农业整体规划方案，形成一体化开发利用新思路。探索形成农用地有生产体验功能、民房有餐饮住宿功能的有机统一，确保既不踩法律政策"红线"，又能尽快突破资源束缚，形成园区农文旅融合发展的新局面。

打造高标准稻五漾生态农业基地，
助力群幸农业农村现代化

群幸村党委扛起政治责任，落实农业农村优先发展方针，打造高标准稻五漾农业基地，形成农业增效、农民增收、农村发展活力增强的良好局面，广大人民群众的获得感、幸福感、安全感不断提高，在实现农业农村现代化征程上迈出新的步伐。

▶▶ 一、基本概况

群幸村地处吴江区七都镇南部，北靠金鱼漾，东、南与江南古镇——浙江南浔仅一河之隔，地理位置优越，交通便利。全村区域面积 4.25 平方千米，有 21 个村民小组，现有 546 户农户，在册人口 2011 人。群幸村党委下设 14 个党支部，其中 3 个为网格支部，共有党员 163 名。近年来，群幸村先后获得全国首批流动人口社会融合示范社区、江苏省文明村、江苏省生态村、江苏省社会主义新农村建设先进村、江苏省和谐社区建设示范村、苏州市先锋村等荣誉称号。

▶▶ 二、主要做法和成效

群幸村党委积极探索推动"农业生产现代化、'三农'服务信息化、阵地建设智慧化",扎实推进党建工作和"三农"工作的深入融合,确保各项工作顺利开展。

(一)推动农业生产现代化

群幸村举全村之力推动农业生产现代化,推动生态农业发展,加速乡村振兴。一是督促乡村农业生产大户抓紧注册村级企业,更新农机设备,健全管理人员,制定服务规范和管理制度,打造农机重点村,为实现农村农业生产现代化打好基础;二是将国家、省新近出台的农业生产现代化相关政策,向乡村干部和农民群众宣传到位,让其认识到推行农业生产现代化是推广应用先进的农业机械和技术、加快小农户与现代农业发展有机衔接、促进农业增效农民增收、推动实现乡村振兴的有效途径;三是对乡村推行农业生产现代化工作中遇到的难题,根据现行相关政策和市、区两级总体要求,结合当地农村与农民实际,探求最佳答案,确保农业生产现代化、特色化发展。

(二)推动"三农"服务信息化

群幸村近年来积极链接外部资源,结合当地实际积极响应号召,通过"三治""三优三保"盘活土地,因地制宜,充分利用优质土地资源,通过外部科研人员的指导与设计,完善稽五漾生态农业项目。

稽五漾生态农业基地总规划面积达 280 亩,首期建设 100 亩,由苏州市农业职业技术学院规划设计,以开发七都"非遗"产品——香大头菜为主打品牌,太湖绿色农产品为基础,苏州"水八仙"等特色产品为拓展,依靠自然生态水体稽五漾的地理优势和历史传承,打造稽五漾农产品品牌,申请绿色食品及农产品地理标志等认证。

群幸村为贯彻实施乡村振兴战略,推进农业供给侧结构性改革和种植业高质量发展,推进长三角绿色生态一体化发展,努力保持"归零心态"和"奋斗姿态",整治淘汰低端落后产能,为高质量发展创造空间,审时度势启动中长期特色田园乡村规划,注册"稽五漾"农业类及旅游类商标,推动农业品牌化发展。

稽五漾生态农业基地工作人员通过系统化的学习交流、培训提升,通过微信学习交流群与五湖四海的农业生产人员交流讨论，将自身经验与他人分享，使得自身在现代化生态农业方面的专业素养显著提高。工作人员、党员志愿者与乡村小农户积极沟通，分享经验，以点带面，带动全村农业生产技术的提升，基层党员志愿者与群众缔结了牢固的纽带。

群幸村积极链接吴江区农业农村局技术指导资源，打造党员农技学习团队。通过学习，团队人员丰富了自身技能素养，深入田间地头开展技术实地指导。为确保新培养的农业生产人员掌握农业生产技术，农技学习团队开展精准对接、精准指导服务，随时与生产人员沟通，及时了解并解决农户在生产过程中遇到的困难和问题。

（三）稳步推进制度建设

群幸村积极发挥党建引领作用，建立健全人员管理制度与台账管理制度，稳步推进制度建设。

稽五漾生态农业基地专业设施用房分布规范，人员配备齐全，分工合理，通过上岗前的培训，强化人员业务能力，通过台账管理制度，对农资库存、农机使用记录、播种记录等多项记录进行管理，两者有机结合，规范生产作业与农产品溯源管理。

稽五漾生态农业基地配备有专用冷库、农产品检测中心、水肥一体化设施、新型农机等，同时活用网络平台，在生产中，通过数据分析中心定期对农产品生产进行数据化分析，结合气候与数据逐步改善生产作业。在营销上，链接上级资源，《吴江日报》助力宣传，农产品销售线上线下相结合，直播带货加快品牌传播。在基地文化建设上，坚持以党建引领，招募有志之士，组建党员志愿者队伍，组织学习培训，掌握新型农机技术、优质农产品知识等，党员志愿者们深入田间地头，上党课、介绍农产品、传授农机技术等，打造现代化智慧农业。

（四）整合资源助力智慧农村建设

群幸村积极发挥党建引领作用，将党建文化阵地、乡风文明长廊、张氏宗祠、稽五漾生态农业基地结合微博、微信公众号等，发掘本土资源优势，开展田间党建特色活动、张氏宗祠家风家训活动、瓜果采摘品鉴活动等，利用网络平台进行宣传引导，引领广大村民共同参与乡村振兴，广大党员与群众缔结牢固的联系纽带。

▶▶ 三、经验启示

（一）突出政治引领作用

当下，农村基层工作繁重，年轻的村干部在农业知识掌握方面也相对有所欠缺，随着老干部逐渐退出，年轻人就应该往前站，但他们对于新事物的吸收与掌握需要一个过程，这就使得一定时间内乡村实用人才较少，缺乏后备力量。因此，加强党员干部队伍的培养迫在眉睫，要对村级干部进行全面素质提升教育，让他们真正有能力服务群众。要结合线上线下学习模式，建立学习常态化制度，认真落实"三会一课"制度，开展党建联建活动，到先进村（社区）调研学习，突出"走出去"和"学起来"，吸取有效经验，党员干部时刻保持"干中学、学中干"的劲头，引领农民少走弯路，走向致富之路。

（二）加强人才队伍建设

基层党组织要撸起袖子加油干，举办"三农"干部"大学习、大轮训"培训班，增强做好"三农"工作的信心和决心，促使村级干部转变工作作风、提高工作能力、提升服务水平，推动各项工作起好步、走好路、谋好篇。基层干部要结合村的实际和地理位置情况，组织开展农业实用技术培训，培养一支适应现代农业发展需要的有文化、懂技术、会经营、会致富的农民队伍，使农民的技术得到大幅度提升，让农民在家门口就能学到科学的种植知识，解决平时种植过程中遇到的实际难题，并让他们利用学到的科学知识大力发展种植业，争取增收创收。同时，基层党组织要因时制宜、因地制宜地为农民开展养殖业、加工业等知识培训，拓宽农民的致富之路。

（三）提升服务群众本领

基层干部要舍得沉下身子，秉承不怕苦、不怕累、不怕脏的精神，真心诚意和群众交真心。走在田间、穿梭在林间，了解农民所思所想所期盼，向农民宣传惠农政策，"只有先下田头，再回案头，决策才有准头"。建立村级图书馆，帮助农民提高精神文明水平、文化知识水平、生产技术水平，以适应农业农村现代化发展的需要。

绘就"归园田居"的元荡画卷

元荡村在乡风文明、村级经济、民生福祉等方面不断探索,提升乡村风貌,还原生态绿色,启动民生工程,开展便民服务,实施产业联动,做活农文旅融合文章,绘就出了一幅"以农兴旅、以旅富农、以文促旅、以旅彰文"的美丽乡村画卷,让元荡村取得了跨越式发展,为实现乡村全面振兴贡献了"元荡经验"。

▶▶ 一、基本概况

元荡村位于吴江区汾湖高新区(黎里镇)东北部,与汾湖最大的湖泊元荡湖紧密相连,南接莘塔镇区,西靠卖盐港。2003年,元荡村由南灶、西岑、荡西三村合并,辖区面积4.67平方千米,现管辖6个自然村和2个动迁安置小区,设29个村民小组,现有农业户829户,农业在册人口2248人。

近年来,元荡村依托生态环境优越、经济基础夯实、区位靠近上海等优势，紧抓长三角一体化发展机遇。元荡村党委全面盘活村级资产，大力发展村级经营性物业，村里建起了工业小区，又结合村集体经济发展项目，带动村民走上了富裕路。元荡村先后荣获江苏省文明村、苏州市先锋村、苏州市农村人居环境整治提升工作示范村、苏州市廉洁文化建设示范点等称号。

▶▶ 二、主要做法和成效

（一）生态环境"打底"，农村面貌"改头换面"

1. 三件事还原生态绿色

2019年，元荡村着手将距元荡湖岸线1千米范围内的鱼池和辖区北部的鱼池清退，一年工夫，全村所有鱼池全部完成退渔还田。2020年5月通过"三治""三优三保"及"散乱污"整治等多种方式将元荡湖周边的小、旧和污染企业全部腾换出去，复绿复耕，还生态绿色的底色。此外，成立元荡湖治理基金会，每年根据元荡湖的水质投放相应的鱼类和贝类，清理水环境。经过几年的治理，水质逐渐改善，几近消失的银鱼又重回元荡。同时，改造农村人居环境，使元荡村剥离了过去发展套在身上的枷锁，呼吸上了绿色生态的氧气。

2. 民生工程添砖加瓦

近年来，元荡村党委挑起"重塑"元荡村的重任，紧紧把握长三角一体化建设的历史机遇，以打造美丽乡村群落为契机，高质量打造以吴家村和西岑村为重点的特色田园乡村和特色康居村庄。对原有的碎石小路进行道路硬化，改建公厕，分类管理垃圾，统一划分停车位，新建成公交站，并增开一趟公交车直达村口。全村完成全部农村生活污水管网改造，驳岸做到全覆盖，汽车道路覆盖率近80%，太阳能路灯和老年人活动室做到各自然村全覆盖，新增三片宅间停车场和近百个停车位，进一步改善健身广场、休闲公园的面貌，给百姓提供更多的健身活动场所。元荡村基础设施得以不断完善。

（二）党建项目"着色"，廉洁文化"浓墨重彩"

1. 落实党群服务"一站式"

元荡村坚持党建引领，以党建根系工程为抓手，在西岑自然村因地制宜建造党建驿站，将先锋驿站切实打造成为共商共议"邻里议站"、便民为民"服务易站"。将党群服务延伸至"最后一公里"，驿站突出教育引导功能，设有书吧、阅览室、文化展示角等，真正让党建驿站成为便民之"门"、党员之"家"、宣传之"窗"。元荡村以吴家村为主体打造的香樟书舍作为红色旅游节点，让群众时刻感受到党组织和党员就在身边，让党建引领根系化，效应更凸显、成效更显著。

2. 下好共促发展"一盘棋"

元荡村党委强化党建引领与乡村振兴同频共振，借助村企结对、村村互学等多种形式，创新开展开放式主题活动，推动党员教育联抓、各类活动联办、志愿服务联动。

元荡村党委与上海交通建设管理有限公司苏州项目总部党支部成立党建联盟，以环元荡湖项目建设为抓手，以党建联建为纽带，通过清淤疏浚、水源涵养和种植绿色景观，为群众打造家门口的"绿水青山"，让百姓切实感受到长三角生态绿色一体化带来的好处。同时，元荡村党委以环元荡美丽乡村群建设为契机，携手毗邻村党组织共同成立"红色珠链，同心绘蓝"党建联盟，组建乡村振兴志愿队，在河湖保护、人居环境整治、精神文明建设等方面开展共同行动，为打造"共融共生共享"的乡村空间贡献力量。

3. 凝聚基层治理"一条心"

元荡村党委在"绿水元荡，生态湖居"党建项目的引领下，以"三治""三优三保"及"散乱污"整治为抓手，擦亮村庄生态底色。

整治过程中，党员干部充分发挥先锋示范作用，主动认领企业和村户，一对一做好思想工作，为绿化带建设打好坚实的群众基础。村里党员更是克服畏难情绪，带头拆除自家厂房，为群众立标杆、树榜样，党群聚力为村腾出发展空间。元荡村将腾退的土地打造成现如今的廉心园，整个公园将廉洁元素、村务阳光工程与自然生态绿色融为一体，将自然景观与廉洁元素相融合，成为引导广大党员群众不忘初心、廉洁自律的教育阵地，也是村民休闲的好去处。

（三）乡风文明"点韵"，民主自治"幸福增值"

元荡村党委始终坚持团结各方力量，发挥好青年志愿者队伍和巾帼志愿者队伍的力量，大力推进美丽庭院建设、美丽菜园建设，倡导"垃圾分类就是新时尚"。依托美丽庭院、美丽菜园建设工作，着力打造清新宜居、整洁的庭院，有序的菜园，元荡村成了农村人康养居住的乐园。

元荡村村民自觉遵守村规民约，村庄富裕程度不断提高，环境持续优化，截至目前累计获评吴江区级"美丽庭院"20 户,汾湖高新区区级"美丽庭院"4 户,完成约 5.6 亩美丽菜园建设,宅前屋后菜园实现整齐化、规范化;垃圾分类桶和指导架实现村民全覆盖,村里建立了一体化收运平台,垃圾分类收运实现电子化、信息化。

(四)农旅融合"出彩",产业联动乡村振兴

元荡村通过合理规划布局,开创农、商、旅、文融合新模式,以代表性产业鱼菜共生现代农业园、奇迹农庄、六农体验馆和乡振客厅为载体,把农场、餐饮、商超和教育融合在一起,形成一个从田间到餐桌的有机体,让游客更好地亲近自然。依托以上平台和人力资源,元荡村在节假日、业余时间开展丰富多彩的活动,如元宵、端午传统佳节开展包汤圆、裹粽子活动,联合村假日学校和镇小学开展读书节活动,长三角三地联合开展篮球赛等,内容丰富,形式多样,极大地丰富了周边村民群众的业余生活,也吸引了更多的游客来此驻足、游玩。

三、经验启示

(一)坚持党建引领

元荡村按照"围绕发展抓党建,抓好党建促发展"的工作思路,结合发展实际创立了"绿水元荡,生态湖居"党建品牌。面对新时代新任务,不断加强基层党组织规范化建设,提升基层党组织组织力,夯实基层"战斗堡垒"。将村级各项工作向一线下沉、向基层用力,切实发挥基层党组织的战斗堡垒作用和党员的先锋模范作用,保证党的各项工作任务在一线办好、成效在一线显现,服务群众、惠及群众。

(二)打造田园综合体

元荡村以一产农业为基础,建成鱼菜共生现代农业园,打造新型复合耕作体系,形成生态共生效应。融合一产、三产(农研学+农休闲+农采摘),打造奇迹农园、向日葵景观田、水稻田和虾趣田,形成当地特色。同时,将一产、二产、三产(农观赏+农加工+农美食)结合,打造六农体验馆,把农场、餐饮、商超和教育融合在一起,形成一个从田间到餐桌的有机体。最后,一产、三产(农文化+农直播)融合,依托两山礼堂,搭建起消费者与农产品之间的媒介桥梁,充分传递农产品信息,扩大农产品受众,满足农产

品需求，同时解决了农产品滞销的问题。元荡村依托六产农业综合体系的建设，打造出了特色田园综合体。

（三）以生态绿色作为抓手

元荡村坚持以生态绿色为底色，将生态建设与经济发展融合起来，相互促进、同向发力，切实将生态效益转化成经济效益。以环元荡湖美丽乡村群和美丽湖泊群项目建设为抓手，打造以吴家村和西岑村两个自然村为主的特色田园乡村，将之打造成长三角一体化示范区内的乡村振兴样板。通过合理规划布局，打造农、商、旅、文融合发展新模式，切实将生态效益转化成经济效益，不断让家园焕发新的活力与生机，成为他人眼中"看得见山水，记得住乡愁"的向往之地，提升百姓的幸福感和获得感。

村企联建助推集体经济发展的黄家溪实践

黄家溪村紧密结合实际，科学谋划思路，积极创新工作，推动村企联建，多角度、多维度探寻村企结对共建契合点，着力建设"生态优、村庄美、产业特、农民富、集体强、乡风好"的"美美黄家溪"，全力推动形成优势互补、资源共享、互利共赢的乡村振兴新格局。

▶▶ 一、基本概况

黄家溪村位于吴江区盛泽镇的东北角，是中国沿海和长江三角洲对外开放的中心区域，常台高速、沪苏湖高铁贯穿村庄北部，地理位置优越。全村属于太湖水网平原中的湖荡平原，地势平坦，水网密布，具有典型的江南水乡风貌特色。黄家溪村由原来的上升、黄家溪、大新三村合并而成，区域面积6.2平方千米，水域面积2.1平方千米，现有土地3707.05亩，鱼池面积742亩，共有12个自然村，29个村民小组，在册户口村民813户、3162人，党员155人，退伍老兵102人。多年来，全村经济保持平稳增长。现有民营企业70余家，固定资产超16亿元。黄家溪村先后荣获全国文明村、全国乡村治理示范村、江苏省特色田园乡村、江苏省生态村等荣誉称号。

▶▶ 二、主要做法和成效

（一）选好"领头雁"，开启新篇章

组织振兴是乡村振兴的根本保证，组织振兴的关键是农村党组织振兴，黄家溪村正是在选优配强党组织班子后走出了一条可持续发展的富民强村之路。

1. 配强班子领头开路

2008年，黄家溪村还是收入仅50万元的贫困村，吴江市双盈化纺实业有限公司董事长陈志明回乡上任村书记后，通过整合资源，大力发展民营经济、物业经济、服务经济，村级收入迅速增加，真正实现了由穷变富、由弱变强的华丽转身。陈志明先后当选省政协委员、省人大代表，获省首批"百名示范"村书记、省农村基层党建工作突出贡献奖等荣誉称号。

2. 激发党员先锋示范

黄家溪村党委开展"亮身份，树形象"党员星级评议活动，充分体现优秀党员的示范、引导、带头作用，推出"智慧党建"云平台，通过"积分系统＋刷卡终端＋党员先锋卡"的模式，实现平时积分、年终亮分，将党员民主评议通过积分考核和评星定级落到实处，切实发挥出党员的先锋模范作用。截至2021年底，已评选出五星级党员3名，四星级党员7名，三星级党员14名，二星级党员35名。

3. 引导群众主动参与

以"党建＋文化"为指引，凝聚乡风文明新时尚，是近年来黄家溪村独有的发展模式。通过党建地图、党员承诺墙、先锋廊、党史阵地、党员中心户，将党的思想"飞入寻常百姓家"。村民们的观念发生了根本变化，乐意投身到村庄建设中，党员群众同频共振，凝聚发展合力，共同建设好现代化新农村。

（二）盘活"产业链"，激发新动能

产业兴旺是实施乡村振兴战略的首要任务和工作重点，是全面建成小康社会的物质基础，更是提高农民收入的可靠保证。黄家溪村党委坚持把党的政治、组织优势转化为发展优势，从传统发展向多元化发展转型，翻开乡村发展新篇章。

1. 发展物业固根基

村委班子看准"商机"，通过兴建集宿楼、农贸市场、宴会厅等方式充实村集体资产，增加村集体经济收入，创造出一个又一个村级经济新增长点。

2. 现代农业促转型

黄家溪村充分挖掘利用土地资源，明确"特色田园乡村"定位，放大具有地域特色和竞争力的农副产品品牌效应，围绕提质增效，加快产业结构优化，着手进行农田风貌规划，打造创意粮油区、果品采摘区、绿色蔬菜供应区和生态渔业养殖区四大片区，打造精致高效现代农业园，促进传统农业转型升级。

3. 农文旅融合鼓荷包

黄家溪村充分利用自身地理位置优势，在周边闲置地带布局垂钓园、田间超市、亲子采摘农场、儿童游乐园、农家乐等设施，助力黄家溪进入功能更完善、业态更丰富、品质更优良的新发展阶段。与此同时，黄家溪村依托优美的田园风光、独特的文化底蕴、绿色的农副产品，围绕"黄溪八景"开发多条旅游线路，打造"春踏青、夏避暑、秋采摘、冬养生"的"四季游"系列活动，稳步开发旅游经济。

（三）下好"先手棋"，绘制新蓝图

乡村振兴的出发点和落脚点，是村民生活得更美好。黄家溪村党委充分发挥基层党组织的战斗堡垒作用和党员先锋模范作用，通过全国"四好"（政治引领好、队伍建设好、服务发展好、自律规范好）商会黄家溪商会的助力，让村民更有获得感、幸福感。

1. 商会服务暖民心

2012年，村党组织牵头本村民营企业家，成立全区首个村级商会，同步建立教育、服务、帮困三支专项基金，累计用于对村里优秀学子、贫困户、突发事故家庭的资助和帮扶资金362.5万元，出资为村民戏曲演出200多场。2022年3月，村商会又设立乡村振兴基金，首期筹集600多万元，首个项目投入350万元，实现天然气管道整村入户。2019—2020年度全国"四好"商会名单中，黄家溪村商会榜上有名，成为全国首家获此荣誉的村级商会。

2. 文化服务系民情

商会企业家们先后募集资金1000余万元，建起黄家溪大剧院、文体中心、党建文化广场等，村民们享受着与城里人相同的文化生活，形成了"饭后逛广场，晚上跳街舞，假日看戏剧，闲暇逛书吧"的和谐农村新美景。

3. 兜底服务惠民生

商会依托辖区内丰富的自然资源，发展绿色产业，2021年认种百亩生态水稻，2022年投资北角荡1250亩天然水域生态水产养殖基地，投入有机生态鱼苗70万元，推进水产养殖业绿色发展，在原有基础上，运用科技、创新、环保的养殖技术实现水产养殖的转型升级，实现生产生态双赢。

▶▶ 三、经验启示

（一）精准发力，共圆振兴梦

民族要复兴，乡村必振兴。黄家溪村从科技、产业、生态、教育、文化五大方面精准发力，通过一手抓经济建设、一手抓文明建设，开创共建共治共享的社会治理新格局，着力建设"生态优、村庄美、产业特、农民富、集体强、乡风好"的"美美黄家溪"，开启产业兴旺、生态宜居、乡风文明、治理有效、生活富裕的乡村振兴发展新篇章。

（二）示范引领，共走富裕路

一张蓝图绘到底，同行共走富裕路。黄家溪立足新发展阶段、贯彻新发展理念、构建新发展格局、落实新发展要求，发挥好全国"四好"商会黄家溪商会的示范引领作用和乡村振兴基金作用，用足用好生态环境、历史文化等资源禀赋，推动黄家溪村乡村旅游产业链的建立完善，带动农民增收致富，确保共同富裕的路上一个也不掉队，走出一条商会助力乡村振兴的特色路径。

（三）有效整合，共享幸福果

致富不忘共产党，幸福生活为人民。黄家溪以推进实施乡村振兴战略为核心，以绿色发展为导向，聚焦民生领域、重点产业，聚集优势资源，关注新发展业态，取之于民，用之于民，让村民提升"新鱼米之乡"的获得感和幸福感。

擦亮生态本色，走出绿色发展齐心之路

　　齐心村依托长漾特色田园乡村片区，以"擦亮绿色发展生态本色，推动农文旅产业深度融合"作为核心理念，实现了从"工业经济"到"风景经济"的华丽转身，走出了一条"向土地要粮食，向农业要财富"的发展路径。

▶▶ 一、基本概况

　　齐心村位于吴江区震泽镇东北部，距镇区约5千米，东邻平望庙头村，南与318国道顿塘桥运河相连，西接众安桥村，北靠长漾湖。全村村域面积4.4平方千米，下辖12个自然村，共有农户493户，总人口1873人。齐心村党委下属9个党支部，共有91名党员。全村共有大小企业29家。齐心村曾获评江苏省文明村、江苏省民主法治示范村、江苏省休闲农业精品示范村、苏州市十佳最美乡村、全省新型农村集体经济引领共同富裕示范村十佳案例、全省"共同富裕 百村实践"新型农村集体经济发展典型案例等。

二、主要做法和成效

（一）"固基础"提升乡村"颜值"，擦亮绿色生态底色

从 2012 年开始，齐心村就启动了美丽乡村建设，投入 700 多万元对村里 12 个自然村庄进行全面整治。从 2014 年开始，村里又投入了 600 多万元进行村庄风貌建设，先后修建了戏台、仿古长廊、齐心综合展示馆和齐心广场。与此同时，村里又进行了绿化升级和亮化升级，并对河道进行清淤、清障，种植水生植物，形成了"村在林中，人在绿中"的生态美景。2016 年，齐心村立足于村域特色，认真谋划新农村建设总体思路，把握重点、强化措施、狠抓落实，扎实有序地在全村开展特色康居乡村建设，实现了"三新一带动"，即全村产业新发展，农民生活新提高，村容村貌新变化，带动特色康居乡村建设取得初步成效。2017 年底，齐心村实现了三星级特色康居乡村全覆盖，这也是吴江区首个完成整村创建的行政村。2018 年，齐心村在已有的基础上，继续稳步推进美丽乡村建设。在香桐湾新建村道 400 米，与长漾特色田园乡村风光带"稻米香径"实现连通，新建农桥 1 座，同时积极开展"五美"建设，切实以村庄环境的改善带动村民人居素养的提高，提升各自然村村庄环境风貌，努力建成一个集和美人居、苏南特色、生态观光、休闲体验于一体的美丽乡村。

（二）"创特色"探索生态种养，讲好水稻故事

由于地理原因，不靠山不靠景的齐心村现代农业和服务业起步较晚，但得益于创造出来的环境资源，齐心村及时把握住了时机，闯出了一条独特的发展之路。2009 年，在上级土地股份制改革相关政策的指导下，齐心粮食生产专业合作社应运而生，1400 亩水稻粮田实现整村流转，即由村集体将水稻粮田整体租给合作社经营，合作社每年向村里上缴租金。农民的土地变成了资本，村民每年可坐享流转收益 1000 元/亩。吴江区出台政策，对于土地整村流转的，每亩补贴 300 元，齐心村借此形成了农业高效、农民受益的良性循环。从 2018 年开始，齐心村以打造田园综合体为重点，围绕本村土地资源和农业特色，集中连片开展高标准生态农业建设，探索"稻虾共作"生态种养新模式。"长漾大米"获评苏州优质大米金奖，并经中国绿色食品发展中心审核认定为绿色食品 A 级产品，齐心村获评江苏省绿色无公害粮食作物产

地。在生产长漾大米的经验基础上，合作社不断拓展农业生产板块，"月半湾"优质龙虾品牌、长漾果品、长漾香酒都成为合作社的品牌农产品。通过品牌引领发展，合作社有效提高了农业生产效益和市场竞争力，收益越来越好，社员分红越来越多，村民干劲越来越足。齐心村又深挖乡村振兴潜力，推动农文旅融合发展，激发村民投身乡村振兴的积极性。在稻虾基地建设龙虾养殖沟、龙虾临时养殖塘和木栈道等设施，为游客观赏游览、龙虾垂钓、水稻插秧收割体验等活动提供了场所，农业三产业态日渐丰富。2022年以来，齐心村以乡村振兴为契机，抢抓国家战略机遇，创新发展思路，积极探索新时代乡村三产融合发展之路。齐心村以"长漾大米"品牌打造为起点，以生态、绿色、有机作为核心理念，加快推进休闲农业和乡村旅游发展，打造"农业+旅游"融合新业态，形成"农旅结合、以农促旅、以旅兴农"的产业格局，在带动群众增收致富的同时，助推乡村振兴取得新成果。

（三）"出亮点"造风景促经济，兴产业富百姓

齐心村成立劳务专业合作社、农旅合作社，力求以合作社这一新主体进一步推动本村农文旅融合发展新步伐，点燃乡村振兴新引擎。劳务专业合作社有40多人，主要为村里的泥水匠、木匠、油漆匠等"五匠"，每工收入在100元至180元。劳务专业合作社成立后，承接了村里人居环境整治、保洁服务、绿化养护以及经营性发包项目。截至2021年底，劳务专业合作社已派出临时劳务800人次，月人均收入增加3000多元。2022年以来，齐心村依托长漾湿地独特的自然资源，紧扣"生态绿色"主题，以月半湾生态园为核心节点，以齐心农旅合作社为运作载体，高质量推进全村农文旅产业融合发展。2022年6月3日，齐心乡村旅游节暨龙虾美食节在齐心村月半湾生态园拉开帷幕，龙虾垂钓、划船比赛、乡村电音、美食集市等各类丰富多彩的活动，引爆了乡村旅游的热度。活动当天，村内农文旅项目接待客流量达5000人次，各业态营业收入超过20万元。齐心村紧抓特色田园乡村建设机遇，以粮食生产专业合作社、劳务专业合作社与农旅合作社为投资主体，打造了月半湾游乐园、香桐居精品食宿、啾啾小站、长漾人家、月半湾农家乐等一系列建设周期更短、投资模式更灵活、村民参与更广泛的农文旅产业，既有效盘活了农村闲置的资源，也带动了村民共富的步伐，走出了一条"好风景带动新经济，新经济带动百姓富"的共同富裕新路径。

▶▶ 三、经验启示

（一）挖掘土地潜力，打造现代农业新品牌

农村要发展，乡村要振兴，必须深刻把握"绿水青山就是金山银山"的"两山理论"，积极探索生态农业和高端农业发展道路。齐心村充分发挥特色农业的品牌效应，依托特色田园乡村建设，以江苏省绿色无公害粮食作物产地为载体，不断拓展农业生产板块，将生态果园、齐心农场、酿酒坊、稻虾共种等农业生产项目进行完善和提升，力争把"月半湾"优质龙虾品牌、长漾果品、长漾香酒打造成合作社的品牌农产品，以品牌引领发展，有效提高农业生产效益和市场竞争力，让合作社收益越来越好，社员分红越来越多，村民干劲越来越足。

（二）创建工作岗位，拓展城乡就业新市场

为破解如何为村里群众提供工作岗位，增加村民收入这一难题，村"两委"蹚新路、出实招。齐心村依托特色田园乡村建设，以三个合作社为主体，创造多元化、差异化的各类工作岗位来激发乡村人才这一汪活水。齐心村通过发展各类文旅热门业态，吸引各年龄阶段的返乡人才回村创业，拓宽城乡就业渠道。在充分利用村里闲置劳务资源的同时，针对卫生保洁、人居环境、养老居家等服务，村"两委"进一步提升工作人员的业务素质和工作水平，助推相关项目的开展和运营，把齐心劳务专业合作社建设成为齐心村乃至周边村镇最大的就业市场，成为村民最信任、最向往的"公司"，成为齐心村勤劳致富、规范有序、人人参与的优质发展平台。

（三）利用区位优势，创造文旅融合新空间

人才回流是齐心村开展农文旅产业融合的重要一步，农旅合作社从成立之初就明确人才是第一资源，并从周边地区引进专业人才，招纳专业的管理和经营人才，为合作社发展提供人才保障。合作社明确"以点带面"的发展思路，先行试点成熟项目，逐步扩大经营范围。目前，已经形成月半湾游乐园、乡邻中心、运河驿站等项目，之后合作社还将涉足航空、卡丁赛车、主题密室逃脱等娱乐项目，力争成为一个综合文旅集团。农旅合作社的成立，标志着齐心村合作社的发展走向了新空间，真正走出了一条农文旅融合发展之路，助推乡村旅游事业发展的同时，也必将产生更大的经营效益，带给村民更多的股权分红。

创建特色田园乡村的庙头路径

　　庙头村与乡旅品牌"村上"团队合作设计开发,规划运营方向,确定运营内容,引入新型业态,以运营指导整体改造的方式,围绕生活、生产、生态"三生"功能,注重乡村环境整治,进一步完善基础配套设施,充分调动广大村民参与特色田园乡村建设,挖掘乡村魅力,引导产业升级,延伸产业链,培育特色乡创品牌,走出一条农文旅产业融合发展的新路径。

▶▶ 一、基本概况

　　庙头村位于吴江区平望镇,南靠318国道及颓塘大运河,东临雪落漾,南依颓塘河,西接震泽镇齐心村,北靠长漾,占地6.3平方千米,地理位置优越,水质良好,环境优美。全村现有人口3261人,31个组,党员121人,村党总支下设1个工业支部及3个农业支部。近年来,庙头村党总支、村委会一班人团结带领全体村民真抓实干,开拓进取,全村民风淳朴,村民素质较好,村级综合实力明显增强,生态建设、环境保持和爱国卫生运动稳步推进,是"中国·江村"乡村振兴示范区"一带一区"之长漾特色田园乡村带重要节点。近年来,庙头村先后获得江苏省卫生村、江苏省生态村、苏州市第二批特色田园乡村建设试点单位等荣誉称号。

二、主要做法和成效

(一)改善生态环境,完善设施配套,建设宜居乡村

1. 完善基础配套设施

庙头村进一步加强基础设施建设,完善核心区域内基础设计配套,完成自来水改造、雨污水改造、景观绿化、局部节点公共空间打造等项目;完善特色标识系统等配套设施;加大党建引领设施建设;等等。遵循乡村发展规律,展现乡村风貌,保护后港自然村的生态环境和村庄自然肌理,留住村容村貌。

2. 加快改善人居环境

庙头村结合农村人居环境整治提升工作示范村建设,加快推进特色田园乡村范围内村庄人居环境整治工作,改善田园生态环境,升级原有乡村环境,打造安宁舒适的人居环境、自然和谐的水乡意境。同时,充分调动农民积极性,发挥乡贤积极作用,动员广大村民自主参与到乡村整治中来。

3. 深入推进产业发展

庙头村深入推进与乡村旅游品牌"村上"团队的合作,加快野奢民宿、青旅客栈、田园餐厅、田美美蔬菜花园等特色产品开发;联合苏沪杭三地体验感好、趣味性强的品牌,打造舒适自然的生活方式,共建体验式乡村旅游综合体;线上线下相结合,探索乡村综合体的新零售方式,吸引更多的社会资本参与农文旅融合发展;以人为本,注重产业发展、文旅融合等方面的联动思考和总体谋划,造福农民,增强农民参与感、获得感。庙头村利用闲置房屋和周边村集体农地,引入15个生活方式品牌,以生活美学引领乡村产业发展,活化乡村风貌。通过运营引导田园建设的方式,在长三角一体化大背景下,庙头村走出了现代城市群近郊乡村改造的新路径。

(二)塑造特色风貌,彰显特色文化,建设特色乡村

1. 做优设计改造

庙头村在特色田园乡村建设中,在整体设计和改造上主张与乡村的融合、

共生、更新，大幅度保留原有村落空间结构，多用乡村植物和菜地，加入设计点缀，修整出具有原生感的乡村场景。保留改造有历史价值的房屋，同时增加符合运营需求的设计型建筑，提升整个乡村的设计感和场景感，满足年轻主流消费人群的审美和价值观。

2. 美化绿色景观

庙头村村庄尺度适宜，与周边自然环境有机融合，且河道坡岸自然，水体清洁，河塘疏浚畅通。在村庄改造过程中，后港自然村充分利用村里旧房拆下来的旧木窗、旧砖、旧瓦，完成景墙、地面、道路等景观改造。因地制宜，使用本土酱缸等乡土材料，结合设计后形成景观，打造"长漾"村口场景。体现村庄特色，建设手法乡土生态，融入乡愁记忆，避免改造尺度过大、过度硬化。绿化采用本土树种、蔬菜等，手法乡土自然，设计花园式的田美美蔬菜园，让蔬菜成为村庄的绿化景观主体。

3. 利用闲置资源

庙头村将村里的闲置窝棚改造为特色田园乡村乡邻中心，为村民提供公共服务；将村里老百姓丢弃的旧家具回收修缮后在乡邻中心作为乡史旧物陈列；将闲置村屋改造为长漾酱文化体验工坊，邀请平望辣酱非物质文化传承人作为顾问，将酱文化作为文创开发的核心标签，发展酱艺文创产业。

(三) 加强乡村治理，培育文明乡风，建设和谐乡村

1. 强化组织领导

在庙头村后港自然村特色田园乡村建设中，镇政府作为建设工作的责任主体，全面强化组织领导，镇村二级联动，充分发挥村民的主体作用和首创精神，形成工作合力和内生动力。准确把握特色田园乡村建设的目标内涵和工作要求，打造安宁舒适的人居环境、自然和谐的水乡意境；遵循乡村发展规律，展现乡村风貌，不大拆大建，保护后港自然村的生态环境和村庄自然肌理，留得住村容村貌，记得住乡情乡愁；以人为本，更加注重产业发展、文旅融合等方面的联动思考和总体谋划，造福农民，增强农民参与感、获得感。

2. 弘扬良好村风

庙头村后港自然村充分挖掘本村的独特禀赋，培育特色村庄风貌、锻造特色乡村文化、强化特色产业带动，促进后港乡村经济社会的整体进步。充分发挥镇、村党组织在特色田园乡村建设中的领导核心作用，强化共建共治

共享，引导村民积极参与，根据规划设计方案，完善基础配套设施。围绕农耕文化、非遗文化、良渚文化，展现后港田园风情和平望历史文化底蕴。举办田园康养等特色活动，关注村内老年人身心健康，丰富村民集体生活，传播村内乡贤文化，弘扬良好村风，建设精神家园。发挥高效农业园的产业基础优势，倡导合理种植，规范高效生产，推出优选品牌，锻造健康产品，加快产业转型升级。至2019年底，特色田园乡村建设试点区域农民人均纯收入不低于40000元，试点区域农民就近就业50人，吸引大量农民回乡创业，产业富民、创业富民效应进一步凸显。

3. 发挥乡贤作用

庙头村村"两委"工作积极性高，村级带头人积极宣传特色田园乡村建设的目标和内涵。在规划设计和工作方案制定过程中，注重村民意愿调查和意见收集，并充分调动村民积极性。鼓励发动农民群众和乡村技能型人才主动投工投劳参与村庄建设和运营管理，积极引导乡贤能人参与乡村治理，增强乡村建设发展内生动力。

▶▶ 三、经验启示

（一）建立组织保障，着力改革创新

在特色田园乡村建设过程中，庙头村坚持科学统筹，科学指导，合理安排每个环节的工作重点和进度。相关部门充分发挥职能作用，齐抓共管、密切配合，切实履行好各自职责。建设部门组建相关工作机构，理顺试点建设工作的运营机制，落实专职工作人员、专用办公场所和专项工作经费，为特色田园乡村建设试点工作提供有力的组织保障。规划部门牵头做好试点村的规划方案编制工作，加强产业引导，延伸乡村基础公共服务，提炼特色风貌，指导保护特色风貌。同时，各部门根据特色田园乡村建设总体要求，坚持问题导向，研究提出改革的具体措施和方案，通过改革增强乡村建设发展的动力、活力。镇政府定期召开联席会议，商议解决特色田园乡村建设在试点中遇到的困难，各类"三农"政策和措施如何在试点村中先试先行。

（二）加大资金投入，保障项目推进

庙头村重点整合美丽乡村建设、农业生态保护、农村公路、农村生活污水治理、农村生活垃圾分类处置、村庄长效管理、农村公厕改造、村级一事一议、农村土地整理、农田水利建设和管护、现代农业生产发展、农桥建设等专项资金，优先用于支持后港特色田园乡村建设。镇财政会同建设、农业等部门，加大资金投入，吸引更多社会资本参与特色田园乡村建设。将闲置的宅基地、民居统计出来，采取入股、联营方式，参与平望酱菜等产业发展。探索土地出租、抵押、担保、流转等权能，保障农民权益。同时，严格落实责任，加强督促检查，科学考核评价，确保各项工作按时间节点和计划要求规范有序推进，不断取得实效。

（三）强化技术支撑，营造良好氛围

庙头村建设部门协调建立专家咨询和技术指导制度。组织熟悉乡村情况、热心乡村建设的专家学者、专业技术人员、志愿者等参与平望镇的特色田园乡村建设工作，及时研究解决试点过程中存在的问题，总结推广典型范例和经验做法。开展新派苏式化农房建筑试点，在传承苏式经典的基础上，融入现代元素和田园乡村风貌。将现有闲置建筑改造为公共服务设施，保留具有历史记忆或当地特色的建筑，避免大拆大建，使其与周边风貌有机融合。

新营小康路，振兴好风景

新营村在人居环境整治过程中按照"全村推进、聚焦重点、品质提升、网格督导"的总思路，充分结合特色田园乡村建设、农业产业园发展等各项工作，将其作为人居环境整治工作的战略抓手，通过党建引领、志愿服务、家庭积分管理等一系列举措，依托"3+4+1"工作法，充分调动干部群众及全体村民维护共同家园的积极性和荣誉感，创新《新营村家庭积分管理办法》，用心打造新营"水清、路净、岸绿、村美"的"梦里水乡"。

▶▶ 一、基本概况

新营村位于吴江区八坼街道南部，村内湖荡众多，其中张鸭荡曾是元末农民起义领袖张士诚操练水军之地，驻扎有部队营房，新营村的村名就与此有关。新营村紧邻京杭大运河东侧，占地面积约6平方千米，全村有村民小组25个，农户652户，总人口近2500人，其中外来常住人口400余人。新营村现有鱼池1400余亩,水稻田1800余亩,果园69.2亩,新建村级宴会中心1座,占地2600平方米。近年来,新营村先后获得江苏省卫生村、江苏省社会主义新农村建设先进村、江苏省和谐社区建设示范村、江苏省文明村、江苏省卫生村、江苏省健康村、省级农村人居环境整治综合示范村、省级特色田园乡村、苏州市农村人居环境整治提升工作示范村、苏州市生活垃圾分类工作优秀集体、苏州市特色田园乡村等荣誉称号。

▶▶ 二、主要做法和成效

(一)探索"3+4+1"工作模式,打造美丽宜居乡村

1. 明确发展思路

新营村按照"全域推进、聚焦重点、品质提升、网格督导"的整治思路,逐步探索出"3+4+1"工作模式。工作开展初期,做好"统一思想、明确标准、聚焦重点"三件大事,做到思想有引领、制度有保障、工作有目标。结合新营村实际情况,在具体工作开展中,按照"网格督导、六治六提、设施完善、引产入村"四个步骤,系统化、规范化推动各项工作落地落实。整治后通过积分制这一措施助力人居环境长效管理。

2. 建设基础设施项目

新营村人居环境整治工作以"水清、路净、岸绿、村美"为目标,推进"厕所革命",新建厕所2座,无害化卫生户厕普及率达100%,村内无旱厕。全面实施垃圾分类,规范畜禽养殖,落实"河湖长制",做好池塘标准化改造、高标准农田建设等项目。

3. 开展专项整治

新营村结合"263"、"331"、"散乱污"整治等各项专项整治,彻底改变农村乱搭乱建的局面,村庄面貌焕然一新。2021年以来,新营村荣获吴江区农村人居环境整治专项检查"红榜"自然村3次、行政村2次,打响了干净、整洁、有序、美好的"江村"品牌。

(二)推动一二三产融合发展,增强人居建设动能

1. 引进特色产业

新营村村内科林环保、翔楼新材上市公司等大中型企业初具规模,依托八坼街道现代农业现代产业园和吴江东之田木农业生态园,以生态循环产业

为主导，发展设施农业、观光农业、乡村民宿、水果采摘、渔业养殖等特色项目，引进华宴沙餐饮旗舰店，让村民在家门口也能享受到高标准婚宴中心的服务。

2. 推动融合发展

新营村先后经过多轮不同范围的村庄规划、园区规划、产业规划等，主要是以生态循环产业为主导，以水为脉，结合田园湖荡，发展农业体验、观光等旅游项目，实现一二三产融合发展。

3. 打造特色品牌

新营村全力打造具有地域特色和竞争力的农产品品牌——"营心""思鲈""伊乐草""翠冠梨"。多种新型农业经营主体并存，东之田木农业生态园为家庭农场模式，朱毛根水产专业合作社是农民合作社模式，佳禾新型综合种养示范园是专业大户承包模式，渔小白生态科技有限公司则是农业产业化龙头企业，这些农业企业充分带动小农户共同发展，帮助村内400余人就业，拓宽富民增收渠道，也为村庄人居建设增强动能。

（三）落实积分长效管理，动员群众参与整治

1. 推进积分管理

为引导群众向好向善，新营村通过"四议两公开"等多种途径，创新家庭积分管理机制，进一步提升乡村治理水平，着力构建符合新营村实际的基层治理体系，并集群众智慧制定了符合本村特色的《新营村家庭积分管理办法》，扎实推进"星级文明户"评价体系建设。

2. 兑现物质奖励

新营村结合农村人居环境整治、文明户评比、垃圾分类、美丽庭院建设等工作，将"积分制"作为提升乡村治理工作水平的新手段。积分不仅仅是荣誉，也可以在新时代文明实践站兑换实实在在的物质，切实提高了居民群众的获得感、幸福感。

3. 宣扬模范事迹

新营村新建讲习所、廉政和法制长廊，打造孝老爱亲德育基地，挖掘乡贤典型，充分调动村民维护共同家园的积极性和荣誉感，弘扬时代新风，营造人居建设良好氛围。

（四）党建引领志愿服务，提升人居环境整治水平

1. 创新党建项目

新营村紧紧围绕"心营红村"党建项目，突出红色引领，成立网格党员行动支部，探索网格化党建模式，以网格化督导精准对接人居环境整治，通过党员分片包干和责任清单管理，将人居环境整治工作落地落实，也让"心营红村"党建引领在群众中走心走深。

2. 开展宣传活动

新营村成立了近500人的新时代文明实践志愿服务队。面对人居环境整治难题，新营村切实发挥志愿服务的力量，集中组织开展内容丰富、形式多样的文明实践志愿服务活动，将这支队伍用实用好。通过入户宣传，说服村民拆除违章搭建建筑，提升村民参与人居环境整治活动的意识。

3. 推进整治工作

新营村党员干部通过深入自然村落，积极投入具体整治工作。党员干部协助村民清理农户庭院内外垃圾杂物，调动村民参与保护环境、打造美好家园、创建文明乡村的积极性，助力各项工作有序推进。树立邻里和谐、文明礼貌、勤俭节约的文明乡风，赢得村民对各项工作的大力支持。

▶▶ 三、经验启示

（一）汇众力、聚众智

人居环境整治工作是一项系统工程，需要久久为功、滴水穿石，才能将乡村振兴的图景变为现实。新营村在人居环境整治过程中充分结合特色田园乡村建设、农业产业园发展等各项工作，将其作为人居环境整治工作的战略抓手，汇众力、聚众智。一方面，推动各部门联合发力，落实到相关责任主体，有效将规划转变为现实；另一方面，在推进过程中汇集多方力量，群策群力，共同投入人居环境整治与特色田园乡村建设全过程，形成真正能够指导实践的规划方案。

（二）谋创新、促增收

"生活富裕"是乡村振兴的内在要求。人居环境整治、特色田园乡村建设并不是"锦上添花"，而是"雪中送炭"。新营村推进村内东之田木农业生态园、朱毛根水产专业合作社、佳禾新型综合种养示范园、渔小白生态科技

有限公司的产业融合发展,形成合力,提高整体产业竞争力。研发新品种、形成新品牌,引入策划运营团队促进农业休闲旅游业发展,带动农民致富增收。老百姓的钱袋子"鼓了",才会真真切切感受到村庄建设的环境"美了"。

(三)微介入、重改善

新营村在人居环境整治、特色田园乡村建设过程中注重居民的生活使用需要,关注村民住宅实用性、舒适性的提升和现代化功能的植入,而不是简单的"涂脂抹粉""穿衣戴帽";继续加强村庄闲置存量资源的利用,梳理村庄闲置宅基地、农房、厂房、公共建筑等,通过与各利益主体的沟通协商,采用购买、租用、收回等方式优化配置闲置存量资源,通过功能植入实现闲置资源的活化再利用。

(四)塑特色、显文化

人居环境整治需要以"人"为本。新营村在人居环境整治、特色田园乡村建设过程中不断深挖村庄历史典故、农民画作、苏南水乡农耕文化等,让人居环境整治特色不仅是外在的表现,而且根植在乡土大地上,把乡土化建设工艺、文化元素的表达进行转化,真正应用到新营村人居环境整治与特色田园乡村的建设中。

加快绿色转型，赋能绿宝园发展新活力

苏州绿宝园生态农业科技有限公司坚持经济效益、社会效益与生态效益并举，走高产、优质、高效、低耗和无污染的生态之路，经过十多年的发展，初步建设成了集生态种养、加工、科学试验、示范推广、休闲观光多功能于一体的现代农业科技示范基地。

▶▶ 一、基本概况

苏州绿宝园生态农业科技有限公司（以下简称"绿宝园"）坐落于吴江区八坼街道农创村，占地160亩。基地以种植优质猕猴桃为主，兼种梨、桃、草莓、葡萄等，其中猕猴桃种植面积80亩，梨20亩，桃10亩，草莓10亩，葡萄、柑橘等10亩，蔬菜10亩，养殖水面10亩，工厂化生态循环养殖水体160立方米。公司所产猕猴桃、翠冠梨、初夏绿梨等产品取得绿色食品A级认证。公司年产水果150吨，年产值达200多万元。公司所产猕猴桃获第九届、第十一届江苏省农民合作社产品展销会畅销产品奖。"绿堡园"品牌入选2017年江苏省农产品品牌目录，绿宝园亲子农乐创意园获评2020年省级主题创意园。绿宝园先后获得苏州市高标准田园小综合体示范基地、农业农村部首批国家级生态农场等荣誉称号。

二、主要做法和成效

（一）推进绿色发展，实现生产方式全面转变

1. 制定生产技术规程，实行标准化生产

农产品的品质是品牌的基础，按标准进行农业生产，是提高农产品质量的重要手段，也是使之成长为品牌的技术基础。绿宝园制定了猕猴桃、梨、桃等绿色食品生产技术操作规程，设置投入品购买及使用、农事生产活动记录台账，实施农业产前、产中、产后各个环节的工艺流程和衡量标准化，使生产过程规范化、系统化，符合国家标准或国际市场标准。

2. 推广先进技术，实现生态化、立体化发展

绿宝园通过与常熟理工学院、苏州农业职业技术学院等院校合作，引进新技术、新模式、新品种。采用病虫害绿色综合防控技术，合理利用高效低毒低残留生物农药。采用抗病砧木，利用嫁接技术，培育一大批优质抗病猕猴桃苗。实施生态安全施肥技术，以施用有机肥为主，防治农业污染。利用修枝、疏花疏果、培育树形、适时采收等技术，增强果树抗性，提升水果品质。充分利用农场空间，采用果园生草、林下套养草鸡，实施"果树+草鸡"生态高效立体种养模式，林下放养土鸡扑食多种虫体，降低果树的虫害发生率，减少农药的使用量，提高了土地利用率。此外，为了农场的持续发展，引进了新型的高密度生态工厂化养殖技术，通过水体的循环利用，控制养殖生物的生活环境，进行科学管理，使养殖摆脱土地和水等自然资源条件的限制。项目总投入300万元，第一期于2021年8月底建成，共4个养殖桶160立方米，可养殖鱼类8000千克。

3. 提升产品品质，建设农产品质量管理追溯体系

绿宝园通过建立农产品质量管理追溯体系，强化农产品质量管理，将农产品追溯系统加入省、市农产品质量安全追溯管理平台，进一步设置、完善生产台账，落实从产品种植、投入品购进及使用到病虫害防治等整个种植以及销售过程的登记制度，建设产品检测室，开展农产品采收前农药残留检测，

产品不合格不入市场销售,确保市民食用安全;当季销售的产品包装上加贴追溯标识,消费者可以扫码查询产品生产过程中投入品使用情况和产品采收日期、检测结果等信息。

(二)提升农产品附加值,稳步拓宽产品销路

1. 树立品牌意识,增强市场竞争力

农产品市场是一个高度同质化的市场,想要在众多参差不齐的农产品中脱颖而出,就需要具有独特的属性或标识。在市场经济条件下,要占领市场,必须树立"品牌经营,商标先行"的意识。绿宝园成立之初就充分认识了商标和品牌的重要性,注册了自己的商标"绿堡园",并设计了区别于其他同类产品的包装标识。

2. 重视产品认证工作,提升品牌价值

产品认证是培育农业品牌的重要手段,是树立农业品牌和打造农业精品的重要措施。通过认证活动,可以提升农产品的生产管理水平和质量安全等级,更重要的是,认证是对农产品质量的官方肯定,可以大大提高产品的公信力、知名度和美誉度,可以得到广大消费者的承认。大量实践证明,实施农产品认证是提升农产品品牌价值的重要途径。绿宝园成立之初就对主打产品猕猴桃开展绿色食品认证活动,并取得绿色食品A级证书。绿宝园现在的主要产品猕猴桃、初夏绿梨、翠冠梨均为绿色食品。开展绿色食品认证活动,促进了果园生产管理水平的提高、标准化生产的推进,提高了产品品质。

3. 线上线下并举,多渠道拓宽产品销路

一是主动对接线上销售渠道。绿宝园先后与一号店、无线苏州、苏州吴江云商电子商务、邮政电商平台、八点福利社、苏州亲子侠侣等电商合作,开设微信公众服务号与淘宝店铺,充分利用各种网络平台开展宣传销售;同时积极利用自媒体销售,每到水果成熟季节,利用抖音短视频、微信朋友圈发布信息,吸引周边居民前来购买、采摘。二是广泛开展线下销售推广。绿宝园就近选择几家批发商在果品大量成熟期进行批量销售,主动参加上海、南京、无锡、镇江等地及本市、区的农产品展销活动,利用产品展示、活动促销等手段,提高品牌知名度。

(三)优化产业布局,实现三产融合发展

1. 改良水土,美化农场环境

绿宝园农场初承包时,是一片地势低洼的芦苇地和高速公路建设料场,

每逢雨季，整片地便一片汪洋。绿宝园按照《苏州市实施乡村振兴战略三年行动计划》总体部署，紧跟苏州市农委"三高一美"创建总要求，开展建设高标准田园小综合体，筹集资金改造、提升公司基地农庄，进一步完善灌溉沟渠、生产道路等基础配套设施，美化农庄环境，营造"远看是风景，近看是公园，体验是农业，回味是乡愁"意境。

2. 以项目为牵引，提升农旅配套设施

绿宝园筹资建设了2万平方米的设施连体大棚，开展林下养殖，引进先进生态种养模式，扩建蔬菜生产园10亩，引种红颜奶油草莓10亩，满足游客冬季休闲采摘需求，改善农场冬季人气不旺的窘境。同时还新建标准垂钓平台、5000平方米草坪、农家乐，开发果品采摘、农事体验、团建拓展活动等农旅结合项目，完善农旅配套设施。

3. 大力发展生态旅游，实现三产融合发展

绿宝园坚持"以短养长，以副养主，协调发展"的方针，以果树种植为主，树下套种、果园生草、套养草鸡为辅，建设垂钓池、土灶农家乐，开辟儿童游乐场，增设游乐设施，因地制宜，变废为宝，循环利用，提高了绿宝园农庄和农创村的人气、声誉，促进了公司发展，带动了农创村的乡村旅游。随着苏州大学未来校区的落成，为了满足学校师生物质文化生活需求，太湖新城规划建设一系列配套服务设施，绿宝园农场亦列在该配套服务设施项目中。

▶▶ 三、经验启示

（一）坚持产品品质第一

产品要热销，品质是第一。农产品质量包含农产品的外观颜值（如果品和蔬菜的形状、大小、着色、光泽等）、口感风味、食品安全质量（如农药残留、病原体沾染及有毒重金属蓄积等），要提升农产品品质，推行农业标准化生产是有效途径，做到"生产环境不污染，违禁农药不使用，化肥使用不超量，农药残留不超标，产品质量有标准，包装标识有规范"。

（二）与时俱进，不断开拓创新

社会在发展，人们的需求也在不断更新变化。农场要发展，也需要在经营过程中与时俱进，不断推陈出新，挖掘潜力，改变旧观念，发展新理念，

引进新品种、新技术、新模式，培育新热点，推动农场滚动循环式发展。

（三）重视绿色生态

生态循环发展是农场发展的一个重要方向。随着社会的进步，人们对生态环境、食品安全越来越重视，过去粗放式的经营模式必将受到政策和市场机制的制约，终将被淘汰。因此，农场在经营发展过程中，要将生态、效益与农业功能结合起来，将农业的观赏功能、旅游功能、文化功能统一起来，以提升农场的可持续性发展。

打造特色经济，探索强村富民的"合丰经验"

20世纪90年代，"人多地少"的现实问题让谋求生计的合丰村村民走向四方，将羊肉店作为养家糊口的生计。时光流转，合丰村羊肉经济已从穹窿山麓走向江浙沪各地，数百户合丰农户用奋斗的汗水换来了自家的美好生活，也用双手擦亮了"藏书羊肉"这块金字招牌，其破圈发展之路正是合丰村村民创新创造精神的生动写照。

▶▶ 一、基本概况

吴中区胥口镇合丰村位于苏州西郊，孙武路以北，穹窿山以东，石中路以西，南近太湖，紧挨胥口镇中心，辖区面积约3.5平方千米。全村共有9个自然村，29个村民小组，农户829户，常住人口3559人，外来人口约6000人。

近年来，合丰村坚持党建引领，落实"为民"理念，紧抓"党建""发展""服务"三条乡村振兴发展路径,描绘出"最美吴中,乡村振兴"的动人画卷,蹄疾步稳地走出村集体经济和羊肉特色经济共同繁荣发展的强村富民"合丰经验"。多年来,合丰村获得江苏省卫生村、江苏省森林生态村、苏州市农村人居环境整治提升工作示范村、苏州市民主法治村等荣誉称号。

二、主要做法和成效

（一）为民服务不断深化

欣欣向荣的羊肉特色经济背后,是合丰村党委坚持党建引领,积极探索"8+4"（羊肉经营农户8个月外出、4个月在村的特殊循环周期）为民服务体系,因地制宜解决群众急难愁盼问题,服务村民群众日益增长的美好生活需要,服务羊肉特色经济繁荣发展。

在合丰村,无论哪家哪户遇到了困难,党组织都会第一时间为其排忧解难。2021年初,合丰村党群服务中心改造完成,作为近距离服务群众的重要渠道,围绕村民的各项服务工作在这里井井有条地展开。尊老卡申领业务、帮助"空巢老人"办理医保在线缴费、核酸检测"苏周到"预登记等线上业务、为村里80周岁以上老年人申请每月一次长达3小时的免费居家养老服务、为辖区老年人提供新冠疫苗接种专人专车、为"留守儿童"加急办理入学手续、提供公益暑托班服务……合丰村把点滴工作融入为民服务的"小切口",成就更加美好的羊肉特色经济"大民生"。

为呵护村庄特色产业发展,村党委班子深入调查发现,多数羊肉店以老夫妻搭档经营的模式为主,存在从业人员年龄高、学历低,且青年人掌握羊肉加工核心手艺比例较低的"两低一高"现象。为此,合丰村党委主动为羊肉经营群体提供"真心、关心、贴心"的"三心"人才服务。一方面,合丰村党委积极为羊肉经营户提供金融和法律方面的服务,帮助他们联系泰隆银行的小额贷款,联系专业人士为他们提供法律援助和普法教育,并积极开展反诈骗宣传,旨在帮助村民守住每一分来之不易的辛苦钱。另一方面,合丰村党委以党建带团建,加强对青年创业人才的统一领导,围绕羊肉特色经济,建立青年乡土人才名单和羊肉产业创业青年名单,分别将11人和107人纳入队伍,鼓励村干部与创业人才开展结对帮带,加强银行贷款优惠政策宣讲和餐饮服务品质提升业务指导,协助创业群体办理营业执照、卫生许可证、餐饮排污许可证等生产所需资料。

（二）共治共享惠民利民

长期以来，合丰村的羊肉特色经济带动了一批村民勤劳致富，而如何在羊肉经营群体返乡四个月的时间里发挥出他们对家乡的反哺作用，成了合丰村党委班子深深思考的问题。

为充分发挥羊肉经营农户在推动乡风文明方面的作用，合丰村党委以新时代文明实践站和青年之家为主阵地，开展丰富多样的文化惠民活动，创建钱小young主题文化园，将羊主题彩绘和羊肉文化长廊打造成为村庄的专属地标，营造浓厚的文化归属感。另外，合丰村通过组建"合力先锋"志愿服务队和"钱小young"青年志愿服务队两支志愿队伍，积极引导外出创业群体在返乡期间投身到先锋志愿服务中来，开展关爱弱势群体、帮扶困境儿童、手绘乡村、青志护河、垃圾分类和疫情防控等志愿活动，为村庄百姓树立起文明新风的践行榜样。

通过重点实施"治理小村化，人居再提升"党建项目，合丰村党委引导返乡群体从房前屋后入手，共同守护家门口来之不易的人居环境整治提升成果。在康居村庄建设、新农村建设项目实施过程中，村民们积极建言献策，健身广场、路灯、石凳、文化长廊扮美了村庄，更多的羊肉手艺人主动参与到农村人居环境整治提升工作中来，积极行动在各个网格中，主动向村党委提出建议，包括集中划定固定养殖点解决村民群众关切的养鸡养鸭问题、统一规划室外晾衣竿解决衣物乱挂乱晒问题、在垃圾箱上安装开箱吊环解决垃圾分类脏手问题，取得了显著成效。

2021年，合丰村聚力打造"'两网'融合，协同治理"党建项目，推动治理和服务"两网"有机融合。在村民群众来访"有事好商量"协商议事室、党员干部下沉乡间客厅的良好互动中，见多识广的羊肉经营户们对于乡村治理也提出了自己的思考，针对如何探索"小区化"村庄管理新模式、计划天然气入户工程项目、布局新能源汽车充电桩、建立"爱心存折"反哺家乡等民生问题展开热烈讨论，携手规划合丰村的美好明天。

手持小喇叭穿梭在村内宣传、驻扎村口查验"两码"、核查登记村内人员信息……为从严从紧抓好疫情防控工作、有力有序服务群众生产生活需要，合丰村党委第一时间发动本地党员羊肉店经营者，迅速组建了一支由29名村民党员组成的"候鸟"党员战"疫"行动支部，成为赢得抗疫阶段性胜利不可或缺的中坚力量。他们如同一面面红色旗帜，在最繁重的疫情防控任务中，用责任和担当描绘出"候鸟"反哺家乡的最美"丰"景。

(三) 提质增量发展经济

近年来,合丰村用"提质增量"这把"金钥匙",打开了村级集体经济增收的大门,赢得了加快发展的主动权,真正实现了发展为了人民、发展依靠人民、发展成果由人民共享。

为主动融入胥口镇全力打造吴中"高新之核"的发展目标,不断擦亮胥口镇"工业重镇"的金字招牌,合丰村精准定位村庄产业发展方向,竭力摆脱过去集体经济发展转型升级动力不足、空间不够、效益一般的困境,坚持提质增量,助力集体经济平稳发展,通过盘活、盘优村级资产,持续提高经营性资产持有率、出租率及收益率,蹄疾步稳地实现集体经济量质双升。合丰村先后获评苏州市土地管理先进村、吴中区农村集体(合作)经济发展先进单位等荣誉称号。

1. 扩增量提效益,培育内生动力

合丰村集体经济收入的主要来源为标准厂房租赁,截至2018年末,合丰村集体经济可支配收入仅为1260万元,而随着土地指标的紧缺以及存量资产的减少,合丰村集体经济发展遭遇瓶颈。为此,村"两委"创新发展思路,采用资产收购的方式提升经营性资产持有率。2019年11月,合丰村成功收购合丰路一处占地16.48亩、建筑面积17135平方米的标准厂房并将其建设成为合丰产业园二期。为进一步实现厂房租赁收益最大化,合丰村采取逐步与合丰产业园二期原有到期租赁企业重新签订租赁合同的方式提高出租率。截至2021年底,该产业园共有在租企业20家,仅2021年就创收319.22万元。目前,合丰村辖区内共有标准厂房10.24万平方米,成为村级经济增长的主要动力。2021年,全村工业企业租赁创收达1725.64万元,当年可支配收入较2018年增长了70.71%。

2. 优存量兴质态,拓展焕新空间

要想在产业发展上集聚更强后劲,必须加快新旧动能转化。合丰村选择主动抓住转型升级"关键处",深化"退二优二",坚持调优存量资源、提振经济质态,因地制宜探索"腾笼换鸟"经济发展模式,不断拓展集体经济的焕新可能。为激发存量资源活力,合丰村采取了如下措施:一是盘清存量,自2016年起,将合丰路以南建筑面积达2831.52平方米的集宿楼和全村建筑面积达3295平方米的沿街商铺全部出租,2021年助力集体资产经营性收入增加 86.8 万元。二是提升质量,2019 年和 2020 年分批次改造老旧厂房 543.82 平方米和 660.27 平方米,2021 年助力集体资产经营性收入增加 26.86 万元。此外,为打造新一代检测、认证和培训综合服务基地,从 2022 年起,合丰村依托胥口 2.5 产业园(曹丰路)项目,启动并计划腾退出 1.12 万平方米来满足项目建设需求,以保障原有高新技术租赁企业中认英泰检测技术有限公司在原有租赁面积 0.43 万平方米的基础上进一步加大入驻力度,为企业上市、产业发展、集体增收提供可靠保障。

3. 强管理优服务,盘活低效资产

为推动"三资"管理规范化,合丰村积极深化"三化"管理,做好经营性资产出租后的配套服务工作。一是资产使用标准化。开展集体"三资"清查,确保农村集体"三资"安全和保值增值。规范租金标准,依据胥口镇集体工业用房租赁指导价要求统一房屋、土地出租市场价格。约定管理协议,引入物业公司,根据胥口镇集体资产租赁项目信用评价标准落实承租者日常管理责任。二是资产利用集约化。合丰村将集体经济收入作为集体资产投入新的增长点,整合存量资源,先后投资改建老年大学、党群服务中心、合丰小学房屋、新时代文明实践站、钱小 young 主题文化园等惠民工程,2022 年推进东楼里新农村改造(其余 8 个自然村均已完成)和昆村乡间客厅建设,充分发挥乡村公共空间治理的"叠加效应"。三是土地产出生态化。由党员骨干组成行动支部,定期对经营性资产和资源性资产进行环境、安全隐患排查,及时明确整改内容、时限和要求。2021 年清退"散乱污"场地 5 处,复耕土地 15 亩,拆除彩钢瓦棚 2000 平方米,推动集体资产发展环境效益最大化。

三、经验启示

(一)坚持党建引领,筑牢战斗堡垒

推动党支部"标准+示范"建设,建强农村干部队伍,因地制宜深化流动党员群体管理,不断提高党员干部的思想认识高度和理论运用水平。牢固树立一切行动到支部的鲜明导向,在疫情防控、集体资产管理、安全生产等重大任务中组建行动支部,为干事创业创造有利条件。

(二)发展特色产业,讲好乡村故事

呵护村庄特色产业发展、传承村庄特有手艺是讲好村庄历史、保护乡村文化的重要手段。为保留"一村一品"的村庄特色，必须深入群众，了解他们在发展村庄特色产业、传承历史手艺中的难点痛点问题，悉心为村民解决日常生活中的急难愁盼问题，这样才能够守护村庄特色，讲好农村故事。

(三) 盘活集体经济，厚实村民家底

发展集体经济是保障乡村振兴的中枢神经，村党委必须拿出"当家人"的魄力，实实在在为村民群众谋利益、为"三农"事业谋前景。在经营性资产占主导地位的集体经济发展过程中，要着重克服低效工业资产偏多、土地资源偏乱偏杂、违法占地建设、违法转租获利等阻碍发展的情况，走好违法清障和产业用地更新的产业发展之路。

(四) 秉持为民理念，探索共治共享

完善乡村治理组织体系，落实落细村内两级网格化管理，形成书记一手抓、片长细化落实的高效工作局面，并科学调配村庄民警和巡查员队伍力量，不断提高基层治理水平。充分发挥党员和志愿服务队的力量，将群众的自治意识和能力转化为共建共治共享的切实行动，不断增强村庄治理的有效力量。

"三驾马车"齐发力，跑出新峰绿色发展"加速度"

新峰村地处胥口、木渎、横泾三地交界，坐落于太湖生态红线内，在经济社会发展和生态环境保护的平衡中，实现了富民强村，走上了绿色高质量发展之路。一产优环境、二产强根基、三产聚人气，智慧勤劳的新峰人在党建引领下，正用"三驾马车"的均衡发展，逐步将"山北钱袋子，山南菜篮子"的发展思路变成现实。

▶▶ 一、基本概况

新峰村地处苏州市吴中区西南角，坐落于美丽的太湖之滨，环境优美，交通发达。全村区域面积6.696平方千米，下辖18个自然村，46个村民小组，现有1235户村民，户籍人口5068人，常住人口10352人。近年来，新峰村着力于创新、着眼于服务、着落于发展，通过胥口智谷科创园、"一村二楼宇"人才公寓项目建设，带动产业转型升级、基层治理能力提升、环境面貌改善、农民增收致富,持续助力乡村振兴。新峰村先后获得了江苏省生态村、江苏省卫生村、江苏省健康村、江苏省民主法治示范村、苏州市先锋村、苏州市社会主义新农村建设示范村、苏州市精神文明村、吴中区基层党建示范点等荣誉称号。

二、主要做法和成效

(一) 一产优环境,以绿色发展实现生态宜居

位于清明山南麓的新麓村老村委会所在地块迎来了"新生",在这片超过7000平方米的复垦土地上,由新峰村党委和苏州大学附属第一医院多科室党支部结对共建的壹新共建菜园正式开园,这也是新峰村巧用资源、走特色化农业发展道路的精彩缩影。

将闲置的土地"再利用"的背后,其实是新峰村对当地农业发展的深层次思索。村子环绕着清明山,山脚下就是村庄,村庄出去就是太湖,自然环境很美,目前分散的农业用地是一种宝贵的资源,新峰村摸索出了一种符合本村实际的农业发展模式。通过盘活全村现有的农业用地,新峰村积极联络全市各大机构、企业,在建立起长期合作关系的基础上,实现优势互补,从而提升新峰村农业发展的质效。

以新峰村与苏州大学附属第一医院共建的菜园为例。以菜园为"媒",双方计划在定期义诊、健康咨询、养生讲座、用药指导、农村人居环境整治等方面开展深度合作,以党建引领,激发广大党员塑形象、树标杆、争先锋的原动力和精气神,把惠民服务融入基层。

在新峰人看来,农业要走出一条打造特色、吸引人流的独特路径,菜园是必不可少的部分。为了保留这一份乡愁,新峰村投入资金,在美丽乡村建设中对各自然村现有的农民菜地进行改造提升,排沟、做垄、铺道,不仅解决了菜园灌溉用水难、管理混乱等问题,也将菜园打造为美丽乡村的一个重要组成景观,为村民带来了更优美的人居环境。

(二) 二产强根基,以绿色发展支撑产业兴旺

地处太湖之滨的新峰村,面积不大,却是交通要地。基于优良的区位优势,村子过去的经济发展模式以土地租赁为主,粗放的土地租赁发展模式在带来丰厚收入的同时,也导致了区域产业低端化,小作坊在村里遍地开花的

局面。同时，随企业而来的大量流动人口涌入村中，给新峰村的社会治理带来了较大压力。

位于清明山南侧的吕蒙坞自然村就是个鲜明的例子。这里原来集聚着超过120家的无证废品回收站，山清水秀的小村庄成了远近闻名的"垃圾村"，让人痛心不已。痛，则不通。随着经济社会发展与生态环境保护的矛盾日益突出，新峰人意识到再不转型，今后的发展只有死路一条。为此，从2017年起，新峰村在"263"专项行动的基础上，创新结合"331"专项行动和"三优三保"工作，形成了"三个三"工作法，以零容忍的决心推进"散乱污"企业（作坊）的整治工作，打响了污染防治攻坚战。

虽然村级经济收入可能会经历"阵痛"，但为了未来可持续的高质量发展，必须要有所割舍。全村累计腾退超过280余亩土地，却向上争取到了24亩工业建设用地，在高架路旁建起了3.5万余平方米的智谷科创园。目前园内3幢高标准厂房已全部出租并投产运行，入驻企业为总投资2.5亿元的兆和（苏州）智能装备科技有限公司和总投资5000万元的苏州博湃半导体技术有限公司等，这些创新性、科技型企业的入驻，有望使智谷科创园成为胥口高质量发展的又一处"闪光点"，预计未来年产值可达3.5亿元。项目的建成为村集体经济增强了造血功能，为夯实乡村振兴提供了必要的保障。

（三）三产引人气，以绿色发展助力生活富裕

房前屋后干净整洁，美丽菜园阡陌齐整，一条小河贯穿其间，居民人家枕水而栖，走进新峰村南部的直津泾自然村，一幅和美温馨的江南田园风光图铺展开来，这是新峰村对风貌、文化、幸福指数的"三大提升"，是按照"美丽村庄"改造标准而实施的惠民工程。

村民们瞅准了"美丽村庄"改造的契机，有的在村口做起了烤全羊生意，成了网红农家乐，有的承担着直津泾的保洁工作。他们虽然抱怨忙碌，可言语间却难掩对现在生活充实、收入增长的高兴。在新峰人的火热实践下，越来越多的新气象出现在村里，这也是新峰村利用经济社会发展的成果大力培育第三产业服务民生的有力体现。

在新峰村党群服务中心，这样的定位可以得到更清晰的体现。在这栋四层的小楼里，活动室、阅览室、谈心室、妇女儿童之家、青年之家、老年人日间照料室、先锋志愿服务站、新峰书场等各类具有民生服务功能的站室就占了两层半。

从孩子到老人，针对每个年龄段的村民需求，新峰村都有不同的服务。通过新峰红帮带、周末课堂等党建服务项目，新峰村打造出了一条"红色带动、党群联动、项目驱动"的党建新路径，让更多村民更真切地感受到经济发展给乡村生活带来的可喜变化。

在村委会一旁，建筑面积达 1.1 万平方米的胥口镇新峰人才公寓项目正在建设中，预计 2023 年可投入使用。未来，这栋有着 99 间高品质住房的楼宇，将成为扎根胥口的各类高层次、高技能人才的汇集地。栽下梧桐树，引得凤凰来，这也是地处胥口工业中心的新峰村"引才留才"，坚持走创新型高质量发展道路的必然选择。

▶▶ 三、经验启示

（一）坚持红色引领

新峰村把重塑农村基层组织体系作为切入点，打破就农村抓农村的路径依赖，以加强基层党组织建设、创新社会治理为要求，探索"党建+"工作模式，全力夯基石，持续强发展，立足抓治理。新峰村党委书记沈谷明上任以来，始终把党建引领作为乡村振兴的"红色引擎"，围绕中心工作，巩固深化"不忘初心、牢记使命"主题教育成果，深入开展党史学习教育、"两在两同"建新功（同人民想在一起、干在一起，风雨同舟、同甘共苦，在现代化征程上建新功）行动，深化"书记项目"共建共享，创新"心连心红色朋友圈"党建项目，与苏州大学附属第一医院神经内科党支部、独墅湖医院第二党支部、致公党苏州大学二支部、联通公司苏州分公司渠道营销中心党支部、吴中区审计局、苏州银行吴中分行开展结对共建，通过拓宽资源共享理念，丰富党建引领内涵。

（二）坚持绿色发展

绿色，是农村高质量发展的重要底色。实施乡村振兴战略，一个重要任务就是推行绿色发展方式和生活方式，要坚持人与自然和谐共生，走乡村绿色发展之路。新峰村始终围绕这一发展理念，把"绿色"作为乡村振兴的底色，努力把绿水青山变为金山银山。新峰村结合实际，创新制定了以"疏、堵、改、清、还"为中心的"五环"工作法，并出资在重点管控区域设立管控岗亭，聘请专业安保人员全天 24 小时不间断开展管控工作，有效根除了

"散乱污"根源,阻止了环境的进一步恶化。同时以全国卫生镇、省级生态文明示范村、市级文明村创建为契机,紧扣"去污染、优环境,腾空间、促转型"治理目标,统筹推进"三优三保"工作、"331"专项行动、"263"专项行动,成功关闭"散乱污"企业(小作坊)140家,达到了环境管治由单项短期向综合生态修复和长效管理的转变,让良好生态成为乡村振兴的支撑点。

(三)坚持主动参与

新峰村以区级构建基层治理"先锋枢纽"体系为契机,突出"小而精、小而优、小而特"理念,打造融学习宣传、先锋服务、协商议事等功能于一体的直津泾乡间客厅。乡间客厅在运转过程中探索形成了"党建+村民圆桌会"的微自治模式,有效激发了群众主人翁意识,实现了从"一头热"到"齐发力",提升了基层治理水平,凝聚了党群共同缔造乡村治理的集体力量。同时鼓励群众积极参与社会治理、政社互动、文明创建活动,开展美丽庭院、卫生清洁户、星级文明户评比活动。村民积极参与人居环境治理,动手搞清洁、搞绿化、搞菜园、搞管护,形成持续推进机制。

(四)坚持成果共享

新峰村依靠"三驾马车",在绿色发展之路上实现了产业兴旺、生态宜居、生活富足的美好愿景,真正让村民共建共治共享改革发展成果。2022年1月,新峰村日间照料中心正式启用,这让老年人有了活动场地和交流场所,不但做到了老有所养,而且实现了老有所乐。同时,新峰村还为村里75周岁以上的老年人提供安心助餐服务,进一步提升了老年群体的幸福指数。在高质量发展道路上,新峰村通过股权固化,保障了村民的应得利益,也有助于集体资产的保值增值。通过腾退土地,调整产业结构,村级经济收入经历短暂阵痛后,村民通过拆迁入股,每年领取的分红得到了持续增加,让保护生态环境的不吃亏,得到实实在在的利益,让村民成为绿色空间的守护人和受益人,真正提升村民在乡村绿色发展中的获得感、幸福感。绿色发展引领乡村振兴关系到我国经济社会发展全局,新峰村扛起绿色发展的大任,积极转变经济发展方式和农村生活方式,再现乡村山清水秀、天蓝地绿、村美人和的美丽画卷。

富民强村，打造乡村治理的淞南标杆

　　淞南村以三大产业为基础，融入产业特色，围绕"富民强村"发展主线，以"做强工业园、做优农业园、做靓生态园"为目标，实施"三园三亮"提标升级工程，做优做强村级集体经济，夯实乡村振兴之基。

▶▶ 一、基本概况

　　淞南村东接昆山，北靠吴淞江，区域面积6.2平方千米，下辖15个自然村、48个村民小组，现有1250户村民，户籍人口4726人，外来人口近万人。村党委班子成员9人，下设1个工业区网格党总支和5个村网格党支部，共有党员139人。

　　淞南村坚持党建引领，融入产业特色，创建"聚力兴产，锋领淞南"党建品牌，团结带领党员干部以发展村级经济为第一要务、服务村民群众为第一责任、创建宜居乡村为第一目标，努力抢抓"一号工程"和角端新区发展机遇，积极推动"党建资源"精准对接，引领村级经济和各项工作量质齐升,连续四年在甪直镇综合考核中位列第一。淞南村曾获评苏州市先锋村,淞南村党支部获得苏州市先进基层党组织、苏州市"海棠花红"先锋阵地等荣誉称号。

二、主要做法和成效

(一)聚焦组织建设强核心,在把稳振兴靶向中凝聚成担当作为的"战斗堡垒"

从20世纪90年代起,随着吴中区机场路、绕城高速与上海的贯通,乡镇企业蓬勃发展,淞南村趁势而为,集体兴建厂房招引企业,一大批中小企业落地生根,淞南村也一跃成为吴中区集体经济发展前十的强村。但随着时代的发展,作坊式的小企业层次低、效益低、环境差的不利局面,逐渐成为新农村建设的短板。破旧立新,事在人为。近年来,通过镇村交流、跨村交流,村书记队伍新鲜血液得到及时补充,在村书记为带头人的村党委班子领导下,各项工作始终围绕镇党委中心工作展开,在时代浪潮中果敢决断,寻求突破。围绕镇党委集体"三资"管理要求部署,村党委联合党员群众代表对租赁集体房屋的130多家企业和50多家店面进行调查走访,摸准情况后,在村党群联席会上迅速达成共识,"资产清查、资源清查"行动有力推开,追回欠缴租金424.5万元。淞南村瞄准低效用地开展腾退工作,依据"增减挂钩""三优三保""占补平衡"措施完成土地复垦180亩,每年享受镇级补助900万元;对4922平方米的破旧集体厂房进行加固改造,进一步盘活资产资源。

(二)夯实乡村振兴主阵地,在打造先锋枢纽体系中激活高质量发展的"红色引擎"

壮大村级集体经济和推进基层有效治理相辅相成、相得益彰,是实现乡村振兴的鸟之两翼、车之双轮。基层治理必须要靠党组织这个"龙头"来牵引,靠村干部发挥"主心骨"作用,同时也需要党员群众的支持与配合。淞南村作为老牌"先锋村""千万村",一向把党组织的自身建设摆在首要位置,完善并严格执行村党委内部议事规则和决策程序,所有村级重大事项按照"四议两公开"工作法实施。围绕镇党委"党建品牌创优工程"相关要求,淞南村集聚智慧创建"聚力兴产,锋领淞南"党建品牌,通过开展各类特色活动把党员群众凝聚起来。同时对照镇村治理"一张网"的要求，将全村划分为1个工业区和5个生活区网格，把党支部建在网格上。与此同时，淞南村在"硬件"上加大投入，建成党建（村史）展厅，实现从"内秀"到"外实"的华丽转变。升级改造村党群服务中心，以村部为主阵地，打造"一墙一栏一廊一路一圃一站一园"的党建生态圈，建成了区级首批"海棠花红"先锋阵地。以行政体制改革为契机，围绕"便民服务一窗口，镇村治理一张网"的要求打造标准化村级便民服务中心和网格化治理联动工作站。围绕"先锋枢纽"提升党建引领基层治理水平，将原本分散在全村的5个村民公园、活动场所改造升级成为"领角先锋"驿站，努力挖掘特色，打造"子系列"党建品牌，形成一支部一品牌，彰显一支部一特色，按照每月主题党日及网格目标工作，党员定期下沉网格办公，建立党群和共建单位联席、活动机制，引导优势资源力量入驻，实现"资源沉下去，党建强起来，民心聚起来"。

（三）激发创新发展源动力，在推动共同富裕中提升集体经济的"造血功能"

淞南村为了提升民服务能力，深度融合"基层党建"与"村级治理"两张网，依托"领角先锋"驿站这个"小村治理"平台，实现小事不出网格，大事不出村。精心设计"先锋驻家，网格便民"系列活动，党员群众在家门口"五分钟"生活圈内就能享受到便捷周到的全科服务、上门服务。每年投入100多万元用于走访慰问、村级资助、奖学促优等，社区股份合作社分红从2018年的200元/股提升到2021年的800元/股。抢抓机遇谋发展，紧抓"一号工程"和甪端新区建设优势，以"退"为"进"，积蓄发展动能。2021年8月，全面启动大厍工业区企业整体腾退工作，预计可腾出土地210亩。2022年启动云龙村、西横村低效企业16处腾退工作，努力为协同区腾出更多用地空间。联村抱团，抢抓"飞地经济"。10个村联合成立甪创公司，与镇属国资公司合作，在工业载体、长租公寓等项目上投资入股，启动了元顿项目回购、长虹路人才公寓等项目，为村集体经济"活血造血"。深耕细作，描绘"最美乡村"。努力打造田园风光，整治零散、粗放农业用地，加快土地整合，坚持生态优先，做响"神州水乡"大米品牌，着力打造吴淞江沿线产业风光带。农旅融合，打造精品项目。结合共享农庄建设，打造特色农业、乡村民宿、四季采摘、开心农场、美丽菜园、农耕体验、非遗传习等共享经济产业，擦亮"江苏省三星级乡村旅游示范点"招牌。

▶▶ 三、经验启示

（一）工作开展顺不顺，首先看民心

淞南村党委按照"聚民心、集民智"的思路，根据网格、自然村和小组合理分配名额，通过谈心谈话、走访调查，选拔了一批德高望重、善做群众工作的党员和村民代表组建党群联席会，定期开会收集村情民意、通报重点工作进展，在重大事项上汲取、采纳他们的合理意见，村党委的提议都由他们做好宣传发动，把村党委的决心和意图传达到每一个村民，取得他们的认可和支持。在人居环境整治推进大会上，一名党员在大会现场做出"今天再晚也是早，我回去就把我家房前屋后先整理干净"的庄重表态，在他的带动下，村民改善环境成为行动自觉，形成了淞南"1811"人居环境整治经验。

（二）工作成效怎么样，关键抓队伍

基层工作有没有成效，关键在村干部。为此，淞南村研究制定了严格的考核管理和培养制度。一方面拉紧"制度"这根准绳，年初制定重点工作任务表并细化责任到人，每月制定阶段性目标任务，每周述职汇报工作进度，压实责任推动工作；另一方面大力拓展干部成长空间，实行交流轮岗、窗口轮值等制度，着力培养干部的村务管理综合能力。村干部一起参与了拆迁清障、治污攻坚、安全监管、农田整治等重点工作，他们白天在烈日下奔走，晚上汇总讲评碰到的工作难题，研究制定对策措施。在"企业腾退"中，党员充分发挥了先锋模范和带头作用，村里组建了一套班子、三支队伍、三个小组和企业腾退+违建治理"一号"先锋队，以铁的纪律和优良作风推进"企业腾退"清零收官工作。

（三）发展底气有没有，要看"钱袋子"

发展壮大村级集体经济是解决"三农"问题、推动乡村振兴的重要物质基础。面对淞南村集体经济发展进入瓶颈期的各种问题，村"两委"班子迅速开展"资产清查、资源清查"行动，追回欠缴租金，调整租金标准，规范"三资"管理，把家底摸清理顺，把家底巩固厚实。村集体经济壮大后，又率先启用5个网格"领角先锋"驿站，把"先锋驻家，网格便民"系列服务送到群众家门口，投入走访慰问、村级资助、奖学促优、股份分红等的资金逐年增长。这些看得见摸得着的措施和实惠，得到了村民的广泛支持和认可。

（四）发展前景怎么样，关键抢机遇

淞南村之所以能有今天的良好局面，是因为村里的每一项工作都是在顺应时代发展，是村民以奋勇争先、攻坚克难的劲头拼出来的。近年来，淞南村通过升级改造集体厂房，积极向上沟通争取，把家底摸清理顺，把家底巩固厚实，把政策红利吃透，迎来了跨越式的发展。从2017年底到2021年，村级稳定收入实现了四年翻一番的目标。如今，置身于独墅湖开放创新协同发展示范区"一号工程"的历史机遇中，淞南村必须时刻强化攻坚克难和破旧立新的担当精神，充分发挥党组织的"核心堡垒"作用，拿出创新实干为民服务的有力举措，做优集体经济，做暖群众服务，做实群众口袋，为建设成为吴淞湾最美乡村振兴标兵努力奋斗。

因地制宜，精准施治，提升采香泾治理水平

　　采香泾村不断完善规划，因地制宜，扮靓村容村貌，打造特色突出、生态良好、乡风文明、环境幽雅、美丽宜居的现代村庄。采香泾村坚持问题导向，聚焦重点难点，立足常态长效，以点带面，持续推进农村人居环境整治提升工作，为实施乡村振兴战略奠定良好的环境基础。

▶▶ 一、基本概况

　　采香泾村紧邻苏州绕城高速及230省道，位于胥口镇北端，因一箭河（又名采香泾）流经本村而得名。全村有33个村民小组，22个自然村，户籍人口4145人。采香泾村先后获得江苏省社会主义新农村建设先行村、江苏省卫生村、江苏省民主法治建设示范村、苏州市先锋村、苏州市健康村、苏州市农村人居环境整治提升工作示范村、吴中区农村生活垃圾分类工作先进示范村等荣誉称号。

二、主要做法和成效

（一）探索"党建+"服务模式

采香泾村党委下设4个党支部，共有党员137名，村党委依托"党建+志愿服务"的工作格局，推动党建工作与村级发展深度融合，发扬"香信爱"志愿服务队和"夕阳红"老党员志愿服务队志愿服务精神，以"我为群众办实事"活动充分发挥党员在经济发展、拆迁安置、人居环境整治、文明创建等工作中的带头引领作用。倡导大家共同提升村庄居住环境，改进田园风貌。通过党员带领群众，引导村民共同参与美丽庭院、卫生清洁户评比活动。通过紧密依靠群众、积极发动群众，将农村人居环境整治提升与美丽乡村建设、乡村振兴发展深度融合推进，营造"天更蓝、水更清、地更绿、村更美"的良好生活环境。同时，按照稳中求进、稳中提优的发展基调，适应新常态，把握新机遇，探索新发展，紧紧围绕落实高质量发展要求，强化村级集体资产管理力度，解决资产纠纷调处问题，理顺集体资产经营现状，推动集体经济收入稳步提高。

一是抓班子，提升队伍战斗力。采香泾村党委发挥党组织战斗堡垒和先锋模范作用，努力营造认真学习、积极研讨、大胆探索、求真务实的风气，积极推进学习型领导班子建设。不断提高基层组织凝聚力、战斗力和创造力，提高农村干部应对复杂局面的能力和总揽全局的能力。

二是抓服务，提升群众凝聚力。采香泾村加强党群服务中心建设，开展丰富多彩的党群文体活动，架起党组织和党员群众沟通交流的桥梁纽带，有效发挥党组织和党员干部的先锋模范作用。通过整合区域内资源，拓宽为民服务区域，强化服务群众方式。

三是抓品牌，提升发展创新力。采香泾村党委坚持"整体抓、重点抓、书记抓"的工作思路，进一步擦亮"香信爱"党建品牌。不断探索规律，研究新问题，解决新问题，总结完善已有的经验，拓展新思路，拿出新措施，开创工作新局面。

（二）激发党建引领活力

采香泾村坚持把党建引领作为推动乡村振兴的有力抓手，在突出政治功能和提升组织力上聚力用劲，持续加强农村基层党组织建设，不断将党的政治优势、组织优势、密切联系群众优势转化为促进乡村振兴的优势，有力推动全村经济高质量发展。为把党史学习教育落到实处，支部书记梳理实施计划，承诺办结时效，手写项目表张贴至公示栏。建丰支部领办夕阳村及建丰小区智能化车辆管理项目，处理好停车供需和权属矛盾，力图解决片区内居民停车烦心事；解放支部领办椿树头党群服务质量提升项目，拓展服务平台，提升服务功能，力争建成村民的邻里暖心之家；勤丰支部领办困难拆迁户全过程保障服务项目，为患有重大疾病及生活不便的拆迁户解决家具清运等全部搬家难题；永丰支部领办泗巷上环境综合提升工程，通过基础设施新建和文化服务覆盖全面改善拆迁村庄面貌。各支部切实把好事办实，把实事办好，办到群众心坎上。

一是突出党建主业，品牌塑造有方。采香泾村党委深耕主责主业，以"党建+志愿服务"工作格局为乡村发展凝心聚力赋能。依托"七彩村庄""香信爱"等行动支部，带领志愿服务队活跃在人居环境整治、垃圾分类、拆迁安置等各项治理工作中，充分发挥党组织战斗堡垒作用，营造出"党员带头干，群众跟着干"的良好氛围。定期开展主题党日活动，常态化开展"书记讲党课""党章学习日"，带领全村党员干部全面系统学、及时跟进学。筑牢党建阵地，探索实施椿树头党群服务站"小村化"治理模式，强化基层党组织对村级议事决策提议、表决、执行、监督的领导作用。广泛开展共建共育活动，与苏州市公安局轨道公交分局花墩站派出所党支部、苏州市生态环境综合行政执法局党支部结对共建，围绕资源共用、活动共办、党员共育、服务共推、成果共享五大方面，打造党建元素丰富、功能设施齐备、环境氛围优良、党员群众满意的党建阵地，持续增强党员的归属感、荣誉感和幸福感。

二是强化组织效能，一线担当有为。采香泾党委抓好队伍建设，在疫情防控一线锤炼党员干部。面对疫情，采香泾村党委高度重视、迅速响应，第一时间召开工作部署会议，强化工作职责，细化工作内容。全力以赴做好防疫"守门员"，依托"香信爱"志愿服务团队，排查外来人口、值守卡口查验"双码"、持续服务全员核酸检测，夜以继日守护村民生命健康安全。组织"夕阳红"老党员志愿服务队成立"老年防疫指导营"，为辖区内老年村民开展疫情防控宣传，进行60周岁以上老年人疫苗接种的发动工作，协助老年人在手机上申请健康码、行程码，保障老年群体的身体健康和生命安全。

为特殊人群提供"520香信爱"党员暖心服务,车接又车送,助力疫苗接种。采香泾党委动员全体党员勇挑重担、甘于奉献,让党旗在疫情防控一线高高飘扬,让靠得住、信得过的干部脱颖而出。

三是盘活现有资源,经济支撑有途径。采香泾村持续推进"一村二楼宇"区域性养老服务中心项目建设。一方面从衣食住行、健康养生、精神慰藉等方面,为周边老年人提供综合性服务。另一方面,优化土地资源配置,实现集体资产增值,增加集体经济财产性收入。以"一村二楼宇"项目建设为契机,对生态园进行整体打包出租,发挥环境优势和资源优势,盘活资产运营,形成联动发展,促使经济效益和社会效益的双丰收。进一步规范闲置资产、租赁期满资产招租续租流程,创新村级集体经济发展思路,腾退部分质量不高、效益不好、产出不足的"问题资产",确保全年集体经济收入不拖欠、不流失。

(三)聚焦党群合力促增

采香泾村为了促进生态园转型升级,对园内所有建筑统一风格装修,在现有的基础上提升档次。拆除老旧设备,增添卡丁车、越野车等一系列水上游乐设备。清除果园内坏死的果树并重新规划葡萄园、架设葡萄大棚,对黄桃园进行修建维护,并新培育了一批金玉枇杷果树。为了提高农民收入,采香泾村在花木市场规划了200多亩的花木产业园,一部分田地由农民自种自销,一部分田地对外招租,既增加了村级收入,又为村民提供了就业机会,进一步拓宽了村级集体经济增收渠道。

采香泾村以省级健康村、市级农村人居环境整治提升工作示范村创建为契机,长效推进人居环境整治工作。以"我家环境我监督"的理念,组织本村党员、群众成立问题查找小分队,对照人居环境整治提升工作自查表自查自纠,呈现出"党员带头干,群众跟着干"的良好氛围。通过"净美家园迎国庆""净美家园迎新春"等活动,将农村人居环境整治提升与美丽乡村建设、乡村振兴发展深度融合推进,把为民服务工作做深做细做实。挖掘文化内涵,塑造乡村文化,营造"文明家庭,胥美家园"的良好局面。自吴中区开展"红黑榜"考核以来,采香泾村累计13次入围"红榜村",村里的基础设施不断完善,生态环境质量有效提升,村域环境质量和村民的健康水平也得到了提升。

三、经验启示

(一) 强化党建引领,助力农村发展

采香泾村构建"党建+志愿服务"工作格局,推动党建工作与村级发展深度融合,为高质量发展赋予强大动能。让党建目标更明确,工作推进更有力。基层治理成效显著,切实把党的群众路线扎根在头脑深处、落实到具体行动。为村民谋利,为乡亲办事,扎实开展各项民生工程。牢牢把握住发展机遇,充分发挥自身优势,紧紧依托胥江工业园北区这一工业发展优质载体,充分盘活区域内厂房资源。全面强化农村基层组织建设,探索建立切实可行的治理机制。

(二) 凝聚发展力量,改善村庄治理

采香泾村盘活约20亩现有闲置农田荒地进行"美丽菜园"建设,坚持干部做表率、党员当先锋,以开展主题党日活动、"我为群众办实事"实践活动为契机,进行空地开辟、蔬菜种植等一系列党员志愿活动,通过轮流管理"爱心菜地"等形式鼓励党员亮身份、践承诺、树形象。依托"美丽菜园"打造"党建共同体"项目,切实以"小菜园"凝聚乡村振兴"大能量"。以党建共建促提升,通过党建共建项目,共同打造"美丽菜园",让党员在劳动中牢记党员身份、增强服务意识,不断提升村庄的治理水平。

(三) 积极拓宽渠道,探索新型模式

改革未有穷期,发展永无止境。采香泾村始终围绕村民工作生活、精神文化需求,开展理论宣讲、文化会演、法治教育、科普课堂、道德讲堂等活动,提升精神文明建设水平。加快特色农业发展步伐,调整优化乡村产业结构,抓好"一村一品"建设,大力实施特色优势产业提质增效行动,推动一二三产业融合发展,实现乡村经济高质量发展。营造文明乡风,与大力发展集体经济互为支撑,共享改革成果。以发展集体经济为核心,让其成为推动采香泾村共同富裕的有力"武器"。

凝聚"三风"能量，谱写乡村振兴灵峰篇章

　　灵峰村坚持以生态兴村为抓手，用"干"彰显本色，用"实"擦亮底色，实现农村环境"旧貌"换"新颜"。灵峰村聚合党风、廉风、乡风"三风"能量，党风带廉风，家风沐党风，厚植发展优势，激活发展动力，绘出高质量发展新画卷，谱写乡村振兴新篇章。

▶▶ 一、基本概况

　　灵峰村位于苏州市西北部，西与无锡交界，北与常熟为邻。辖区面积6.9平方千米，户籍村民6800余人，常住人口14500余人，企业300余家，下设28个村民小组、5个农村网格及2个工业网格。灵峰村抢抓发展机遇，推进一二三产融合发展，逐渐将一个落后偏僻的小村庄升级打造成为相城区最北部一颗闪耀的"明星"。灵峰村先后获得全国文明村、全国和谐社区建设示范社区、全国民主法治示范村、江苏省社会主义新农村建设示范村、苏

州市"十佳"休闲旅游精品村等荣誉称号。

二、主要做法和成效

（一）构建党建引领社会治理网格化新格局

灵峰村积极探索社会治理与党建深度融合的路径，将党支部设在网格上，把党小组建在网格内。设立"五站一中心"，即1个党群服务中心，5个党群服务站。试点党建引领基层治理"根系工程"，建设家门口的"5分钟服务圈"。配强网格队伍，班子成员全部下沉至网格担任网格长，返聘群众基础好、有威望的老党员担任专职网格员，以"老带新"的模式，更迭一批年长网格员，实现新老网格员无缝对接。网格长每天"坐诊"服务站，"出诊"进网格，落实党委书记下沉网格机制，以网格员、海棠先锋为主力的先锋队，持续开展好常态化入户走访，以贴心服务触及服务群众的"神经末梢"，实现需求在网格发现、资源在网格整合、问题在网格解决。

（二）聚焦主业发展奠定乡村振兴扎实基础

灵峰村以"海棠花红，德润灵峰"党建品牌建设为引领，凝心聚力，齐抓共管，提升社会治理水平。一是狠抓生态环境提升。围绕中心工作，推进行动支部载体建设，彰显政治属性，发挥党员示范带动作用。先后打造"生态保护"行动支部、"低层次产业"淘汰行动支部，大力推广垃圾分类，着力改善生态环境，致力打造宜居宜业宜游的生态美丽灵峰。"生态保护"行动支部曾荣获苏州市标兵行动支部荣誉称号。二是推进产业转型升级。2017、2018年先后依法关停取缔123家企业，整治提升14家企业。2019年6月底又关停15家企业，整治提升5家企业。督促辖区企业自查自纠，推进标准化厂区改造提升工作，营造良好营商环境。党员广泛响应支部号召，入企宣传动员，党员身份的企业家率先垂范，主动关停污染企业，义务做好服务企业、对接政府的协调工作，实现了印染行业在灵峰村整体淘汰的目标，为引进其他优质企业腾出280余亩土地。三是打造美丽村庄新样板。全村党员干部齐上阵，以"党建红"点亮"生态绿"。灵峰村先后成立"灵峰村生态保护"志愿服务队、"我是灵峰人"志愿服务队、"德润灵峰"志愿服务队，共同吹响人居环境整治、垃圾分类、美丽乡村建设的"冲锋号"，取得了"党组织得人心、党员干部得锻炼、生态环境得改善、村民群众得实惠"的叠加效果，共同绘就一幅美丽乡村新画卷。

（三）强化监督激励示范带动一片

灵峰村始终把基层党建"六化"建设作为"一号工程"，持续推进村民自治、德治、法治建设，打通服务群众"最后一米"。一是优化作风立规矩。组织开展专题警示教育、廉政教育活动，村纪委书记与党员干部开展常态化面对面廉政谈话工作。开展作风建设集中大整治及"作风提升年"活动，完善工作人员考核方案、会议制度、工作制度以及汇报制度等工作机制，强化监督考核，以规矩促作风。二是夯实第三方管理责任。灵峰村以解决影响农村人居环境的突出问题为重点，紧紧围绕生活垃圾分类、河道治理等重点任务，引进第三方物业公司，明确专人跟进负责，完善考核机制，落实长效管理。开展人居环境整治、垃圾分类等行动，以增强村民环保意识为根本，以落实监督管理职责为措施，号召党员、海棠先锋、村民组长、村民代表等群体共同参与，营造干净、整洁、有序的宜居环境。三是惠及民生服务。大力弘扬志愿服务精神，依靠党员带领群众的生动实践，实现共建共治共享，切实增强了群众参与志愿服务的热情和积极性。志愿服务内容涉及疫情防控宣传、"331"火灾隐患排查、环境整治等领域各方面，志愿队伍不断壮大，服务领域不断拓宽，形成社会协同、公众参与的良好局面。

三、经验启示

（一）党风引领，三措齐举炼好党风"魂"

灵峰村以北桥街道为依托，街道层面以激发党建生机与活力为目标，凝练"红心润北桥"党建品牌，构建"和美先锋""和谐先锋""活力先锋"三大党建联盟体系，成立环境提升、垃圾分类等14个行动支部，以党建引领高质量发展。织密社会治理"一张网"，171名专职、兼职网格员每天下沉到66个网格中，"两委"成员以"坐诊＋出诊"的形式，听民意、解民忧；探索深化全科服务"关口前移、管理前移"的方法，20个三级网格党群服务站试点推行"接单代办"服务模式，实行代办人员、蹲点时间、代办清单"三公开"制度，实现"零距离"优质服务。灵峰村着力构建"村党群服务中心＋网格党群服务站＋小区海棠先锋服务点"的大党建服务体系，率先试点党建引领基层治理"根系工程"。重点推进"智慧乡村"项目，实现"331"火灾隐患排除、党建、生态环境监测、"三资"管理、便民服务等重点工作"云"对接，克服基层工作碎片化的困难，不断提升网格智能化、精细化治理水平。

（二）民生为本，潜移默化固好民风"根"

灵峰村大力开展人居环境整治志愿服务，号召"新灵峰人"参与其中，解决人居环境矛盾点。以乡风文明为切入点，举办乡村振兴及生态保护文明建设专题研讨会，共同探讨新思路新举措，推进人居环境整治工作。开展垃圾分类主题活动、村庄环境整治主题活动，引导广大群众参与其中，切实增强环保意识，构建全社会保护生态环境的良好氛围。近年来，灵峰村先后投入2000多万元对道路硬化及亮化工程进行再提升，疏浚清淤村级河道，实施改水改厕等工程，村容村貌干净整洁。灵峰村先后完成康居一区、康居二区的"三星级"村庄创建工作。同时，有效发挥村民代表担任"政策宣传员"的作用，使之成为村委和村民之间的"双声道"，用一个个"小举动"促进人居环境"大改变"。

（三）小处着手，守正相传培好家风"本"

灵峰村探索以建立新时期好家风为切入点，提炼出10条"灵峰家风"，并将之作为家风品牌的核心内容，开展"灵峰家风聚文明村风"主题系列活动，通过挖、评、学、创、选等环节，引导村民及流动人员从旁观者到当局者的转变，将家风建设渗透到村民的内心深处。多年来，灵峰深化家风品牌，秉持"你我同是灵峰人，全民共谱新华章"新理念，推出"灵峰家风"之"我是灵峰人"子品牌，以志愿服务为契机，以新时代文明实践站为主阵地，招募组建"我是灵峰人"志愿服务队，呼吁更多外来务工人口参与社会综合治理、农村人居环境提升等志愿服务活动，打造最美志愿服务窗口。引导外来务工人员从旁观者变成参与者，使家风融入新元素，充实新内涵。

后　记

苏州承载着习近平总书记"勾画现代化目标""为中国特色社会主义道路创造一些经验"的殷切期望。党的十八大以来，在习近平总书记的掌舵领航、党中央的坚强领导下，苏州创造了辉煌业绩，这是习近平新时代中国特色社会主义思想指导的直接成果。为此，我们用优秀典型案例汇编的形式，编撰习近平新时代中国特色社会主义思想在苏州的生动实践系列丛书。通过聚焦基层基础工作，丛书把苏州城乡基层深入学习贯彻习近平新时代中国特色社会主义思想的思路举措、工作成果呈现给广大基层干部和读者朋友。我们期待大家通过学习十八大以来苏州城乡基层的实践做法和经验启示，用新实践感悟新思想；期待大家在学深悟透习近平新时代中国特色社会主义思想的基础上，立足新发展阶段，贯彻新发展理念，构建新发展格局，推动高质量发展，用新思想指导新实践。

苏州切实贯彻落实习近平总书记对"三农"工作和江苏工作的系列重要指示精神，始终走在全国农村改革创新的最前沿。2011年，苏州市被认定为首批全国农村改革试验区，先后承担了智慧农业等数十项国家级、省级农村改革试验任务。2020年5月，苏州市人民政府和中国农业科学院联合发布全国首个农业农村现代化的评价考核指标体系，并结合实践运用，2021年9月、2022年7月两次完成修订完善工作，将于2022年底完成苏州市探索率先基本实现农业农村现代化三年行动计划（2020—2022年）既定目标任务，实现三年行动圆满收官。经过大家的不懈努力，由《党建引领乡村振兴苏州答卷》《数字赋能乡村振兴苏州实践》《绿色绘就乡村振兴苏州画卷》三册图书组成的"乡村振兴的苏州实践"丛书终于付梓。"乡村振兴的苏州实践"丛书是大家共同努力的成果，得到了苏州市委组织部、苏州市农业农村局的悉心指导，得到了各区、市（县）组织部门、农业农村部门的大力支持。丛书由钱东东同志任编委会主任、金伟栋同志任主编。在此一并表示感谢。

"乡村振兴的苏州实践"丛书的出版是江苏苏州干部学院对"用新实践感悟新思想""用新思想指导新实践"干部教育培训理念的积极探索，后续我们将持续总结党的十八大至二十大的十年中苏州全面贯彻落实习近平新时代中国特色社会主义思想在各个领域的生动实践，关注苏州以习近平新时代中国特色社会主义思想为指导，用党的二十大精神为思想武器，在扛起新使命、谱写新篇章的新征程上的思路、方向和着力点，让学院真正成为研究、宣传习近平新时代中国特色社会主义思想的理论阵地。

编者

2022 年 9 月